겨레시인 성재경 애국시집 독립삼남매

유관순

국립중앙도서관 출판예정도서목록(CIP)

(독립 삼남매) 유관순 : 겨레시인 성재경 애국시집 / 지은이
: 성재경. — 증보[판]. -- 서울 : 여름, 2018
    p. ;   cm

권말부록: 유관순 소리극 하늘나비
ISBN 978-89-92612-38-8 03800 : ₩12000

한국 현대시 [韓國現代詩]

811.7-KDC6
895.715-DDC23   CIP2018000380

겨레시인 성재경 애국시집 독립삼남매

유관순

성재경 지음

도서출판 여름

유관순을 위한 서시

겨레시인 **성재경**

노래를 위해서 유관순을 부르지 말고
유관순을 위해서 노래를 불러주오
영화를 위해서 유관순을 만들지 말고
유관순을 위해서 영화를 만들어 주오

땅속 깊이 스미기 위해서는
유관순 품에 뜨겁게 파고들어야 하고
하늘 높이 솟기 위해서는
유관순 하늘 손 아프게 잡아야 한다오

이 땅에 태어나는 사람들은
유관순의 심장을 갖고 태어나고
이 땅에서 죽어가는 사람들은
유관순의 숨결처럼 죽어가야 한다오

유관순이 살아있는 조국은 살고
유관순이 죽어버린 조국은 죽어
그대가 먼저 유관순이 되고
그대가 먼저 조국이 되길 바라오

고백

저는 유관순열사님의 시를 쓰면서 참으로 많이 울었습니다.

특히 마지막 고침과 편집을 하는 2박 3일 동안 잠도 거의 안자고 흰 죽에 조선간장을 먹으며 눈물로 보냈는데 이상하리만치 피곤하지도 지치지도 않고 더욱 더 정신이 맑아졌습니다.

그것은 제 가슴과 눈이 짠 눈물 속에 절여져 있었기 때문이었습니다.

한 사람의 짧은 일생이 그토록 애절하고 당당할 수 있는가.

슬퍼서 울고 아파서 울고 억울해서 울고 감격해서 울고…

그리고 한결 같은 기도는 이 글을 받으시고 하늘나라에서 행복하시라는 염원이었습니다.

저에게는 남은 것이 별로 없습니다.

집이나 땅 문서는 물론 그 흔한 자동차도 각종 보험증서도 연금이나 저축성 예금통장도 없습니다.

내 소유로 된 것은 없는 셈이지요.

기도원에서 제공한 3평짜리 방 한 칸 옷 몇 벌 빈 가방 몇 개가 제 소유라고 할까요.
　그러나 저는 충분히 행복하고 청년 못지않은 열정이 있고 뜨거운 사명감으로 늘 불타오르는 영혼 사랑에 초점이 맞춰 있습니다.
　저를 거지로 보신 분은 육의 눈만 뜬 거지 왕초 밖에 안 되지만 저를 이 나라 이 겨레를 사랑하는 애국시인으로 보시는 분은 영의 눈을 뜬 왕족임에 틀림없습니다.

　저는 꿈꾸는 나그네였습니다.
　이 땅에 노벨문학상이 오기를 학수고대 합니다.
　그렇게 훌륭한 문인들이 불철주야 글을 쓰는데 일본 중국 등 이웃나라에 3개의 노벨문학상이 왔는데 유구한 문학의 역사를 자랑하는 우리나라에서 아직 수상자가 없어 마음이 울적합니다.
　몇 분 거명되어서 그 분들이 수상하면 좋겠지만 저의 속내는 제가 그 주인공이 되고 싶습니다.
　전규태 교수님께서 저에게 '가장 한국적인 것이 가장 세계적인 것이라며 죽을 각오로 정진하라'고 하신 말씀을 가슴에 새긴 채 시에 전념하고 있습니다.
　2015년에 출판한 『유관순의 선물』이라는 시집을 새롭게 단장하여 올립니다.

안중근시집 윤봉길시집을 출간하고 이순신시집을 쓰면서 마음을 다잡습니다.

그 분들의 희생과 죽음, 노력이 헛되지 않아서 우리가 축복된 나라에서 살고 있다면 저의 글쓰기는 그 분들을 위안하는 작은 소명이 될 것입니다.

따라서 대부분 시인들이 그렇고 예전에 제가 그랬듯이 사람들에게 애송되고 회자되는 대표작 몇 편 남기고 가면 된다는 생각도 버렸습니다.

나라사랑 시에 무슨 대표작이 있겠습니까.

그냥 뜨겁게 가슴을 파고드는 사랑의 시편만 존재할 뿐입니다.

저는 지금 박이스라엘 원장님이 가꾸어온 꿈과 금식의 동산 벧엘금식기도원에서 금식과 보식을 하며 이 글을 씁니다.

이곳엔 저의 아들과 딸 부부 그리고 손자인 다윗, 솔로몬, 샛별, 나라가 한 울타리에서 살고 있습니다.

15년의 세월 동안 세상을 유랑하면서 승합차에서 살면서도 시를 놓지 못했던 나그네를 아들과 딸은 용서 했는지 모르겠지만 손자 손녀들에게는 부끄럽지 않은 할아버지가 되기 위하여 속눈물 감추고 웃으며 울타리가 되어 주려고 애를 쓰고 있습니다.

이 한 권의 시집 속에 저의 문학과 사상 종교와 사랑 그리고 고뇌를 쓸어 담으려고 한 까닭은 많은 분들이 유관순을 통하여 자신을 바라보라고 말하고 싶었기 때문입니다.

저의 부족함으로 아쉬움이 남으시겠지만 틈틈이 유관순을 다시 쓸 것이고 단 한편의 시라도 님의 가슴에 감동 같은 파문을 일으키기를 소망합니다.

이 시집을 읽으심으로 유관순 열사님의 눈물과 하나님의 은총이 가득하길 기도합니다.

이 시집 출판을 위해 물심양면 도움주신 박인숙 회장님께 우선 감사드리고 벧엘금식기도원 박이스라엘 원장님과 유관순시단 가족들에게 또한 감사드리고 이토록 아름다운 글집을 엮어주신 디자인썸머 정수연사장님께도 깊은 감사드립니다.

2018 새해 첫날 아우내장터에서
겨레시인 **성재경**

축사

님이여 돌아보소서

박인숙 | 유관순정신계승사업회 창립자 회장

 이 세상에 하나 밖에 없는 시집.
 한 사람만을 위해서 나라사랑 한 주제로 엮은 시집.
 하늘의 뜻에 의해 준비된 시인의 눈물과 열정이 집약된 시집이 출간 된다는 반갑고 놀라운 소식을 듣고 또 하나의 유관순 단체를 이끌고 있는 저는 누구보다도 기뻤습니다.
 하늘에 계신 유관순열사께서는 얼마나 흐뭇해하실까…
 이토록 귀하고 값진 책이 대한민국 아니 전 세계인들에게 읽혀진다고 생각하니 가슴이 벅차고, 감동 깊은 시를 쓰기 위해 수많은 날들을 불태운 이 나라 최고의 시인이신 유관순시단 성재경 대표님에게 감사와 축하를 드립니다.

 어떤 열정에 따라 사람의 인생은 바뀌게 되어 있

나 봅니다.

　제가 열네 살 때 이화학당에 입학하여 유관순열사의 고문 활동사진을 보고 충격을 받았고 본받고 싶은 마음이 깊이 각인 되었습니다. 서울사대 영어교육과를 졸업하자 모교에서 교사로 불렀으나 유열사의 고향인 천안에 내려가 영어교사를 하면서 청소년들에게 애국정신을 일깨워주기 위해 많은 노력을 기울였습니다.

　그러던 중 2002년 유관순열사 탄신 100주년에 유관순정신계승사업회를 설립하고 해마다 사생대회, 영어말하기대회 등 다양한 행사로 청소년들이 유관순의 얼을 이어받아서 세계를 지배하는 인재양성을 위해 애쓰고 있습니다.

　이 일을 하면서 세 번이나 쓰러졌지만 마지막 순간까지 유관순정신을 알리는 일을 멈추지 않을 것입니다. 겨레시인 성재경님처럼.

　님이여! 조국의 횃불 유관순열사시여!
　이 나라 이 민족 돌아보소서.
　이 책이 많은 사람들에게 당신의 마음을 알리도록 축복하소서.

차례

서시	5
고백	6
축사 | 박인숙	10

그날은	17
하늘나비	19
코스모스	21
숨비소리	23
청동나비의 노래	25
나무야 친구야	26
진행	28
천안삼거리	30
촛불	32
국화누님 대 횃불누님	33
해와 소녀	35
독도아리랑	37
내가 기다리는 여자	42
밀알	44
유관순과 독도	46
그대 있음에	48

누님에게	49
유관순과 잔다라크―잔이 순에게	50
유관순과 잔다라크―순이 잔에게	52
구응오빠	54
낙엽	56
밥	58
매봉산 해맞이	60
파랑새를 찾아서	63
배꽃학당	65
매봉감리교회	66
예언	68
저울	69
훨씬	70
연상의 여인	72
금규	74
금식 굶식	76
터닝 포인트	78

차례

유관순 나의 연인	79
유관순의 시	81
그대여, 유관순의 코리아여	82
철창 속 영결식	84
누님을 앉혀놓고	86
유관순 따라잡기	88
놀라운 일들	90
동지여 횃불을 들고	91
아우내 연가	92
아우내역에서	93
아우내 눈물 섬	97
불꽃편지	99
죽음은 노래위에	102
빈 가방	104
아우내 가는 길	106
아우내장터에 있던 사람들	108
비오는 아우내	110

왜	112
말찌검	114
마음	117
유관순 식 기다림	118
눈물 나누기	120
유관순 달력	122
유관순 말씀 속 말씀	124
하늘 손	127
아우내장터에서는	129
목도리	130
달의 노래	132
그림자	134
눈사람	136
창살 밖에 눈 내리고	138
4월의 유관순―가슴을 열면	140
5월의 유관순―봄 편지	142
6월의 유관순―장미의 계절	144

차례

7월의 유관순―가슴가득 태양이	146
8월의 유관순―여름방학	148
9월의 유관순―눈 뜨는 법	150
10월의 유관순―별의 이름	152
11월의 유관순―깊은 고독	154
12월의 유관순―겨울나비	155
1월의 유관순―외로움도 쪼개지는가	157
2월의 유관순―구원자	159
3월의 유관순―탑골공원에 가고 싶다	161
다시 4월의 유관순―당신의 4월은	163
다시 5월의 유관순―새벽	165
다시 6월의 유관순―내 생에 만난 것들	167
다시 7월의 유관순―절망을 넘어서	169
다시 8월의 유관순―녹음과 단풍사이	170
다시 9월의 유관순―월요일 밤에	172
부록 … 유관순 소리극 하늘나비	175

그날은

그날은
아무도 물건을 사지 않았다
굴비 한 손 보리쌀 한 됫박 머리빗 한 개
아무도 물건을 팔지 않았다
식육점도 포목점도 어전도 닫혀있었다

아우내상터 그날은
아무도 소리 내어 웃지 않았다
수다쟁이 할매도 짓궂던 더벅머리 총각도
비틀거리거나 들내지 않았다
무거운 발걸음 앞만 보고 내 디뎠다

사월 초하루 그날은
아무도 부모자식 걱정하지 않았다
보고 싶은 사람도 생각나지 않았다
하늘 아래 땅 위에 사람들이 모여
가슴과 가슴이 손과 손이 만났다
목이 터져나가던 그날은
그들의 손엔 어떤 쇠붙이도 없었다

그 흔한 낫 한 자루 부엌칼 호미마저도
삐뚤게 그린 태극기와 맨주먹
만세 부르는 입과 충혈 된 눈이 전부였다

유관순의 아우내장터 그날은
붉은 피에 또 뜨거운 피가 엉기고
죽음 위에 볏단처럼 주검이 덮여갔지만
그날은 이 나라 정신이 바로 세워지고
비로소 광복이 시작되는 날 이었다

하늘나비

사랑아 홀로 떠나려느냐
달무리 지는 언덕 나뭇잎들이
호랑나비 떼로 내려앉은 가을 하룻날
단풍 숲을 뚫고
나비 한 마리 하늘을 날아올랐다

하얀 나비 싫어 검은 나비 싫어
눈물에 얼룩진 갈색 나비는 더욱 싫어서
흰 저고리 검은 치마 분장에
태극무늬 선명한 날개를 달고
삼층천 하늘을 날아오른다

나비야 유관순 영혼 나비야
살아서 왜놈들 벌레가 되느니
죽어서 별빛 강물 흐르는 은하수까지
아버지 손잡고 어머니 어깨 감고 가고파
바람 타고 구름 헤치며 날아오른다

하늘엔 창살이 없겠지
창공엔 지독한 구둣발이 없겠지
날개 찢어지고 피 흘리는 아픔 없이
꽃을 만나면 꽃길에 놀고
나무를 만나면 숲길에 노닐며

나라만 걱정했던 천사나비야
독립에 목이 말랐던 소녀나비야
욕심에 눈 먼 우리 용서하는 마음으로
아우내장터 한 바퀴 돌아서 가렴
매봉산 중턱 한 걸음 쉬었다 가렴

사랑아 그대 홀로 떠나는 하늘나비야

코스모스

날엔 꽃 춤을 추자
단풍 숲에 하늬바람 부는 어느 날
눈물 젖는 코스모스 꽃길 따라
돌아올 수 없는 먼 길 나서는 사람아
가슴엔 일그러진 태극문양 깃발
호롱호롱 꽃잎으로 나부끼는데
가을날엔 살 춤을 추자

코스모스 긴 목에 햇살 목걸이 걸리면
꽃씨 쏟아 내리는 꽃비가 저쯤인데
시월 하룻날 소슬바람에 날릴 옷고름
처녀 가슴 차마 감싸지 못하고
그대 갈잎처럼 떠나가는가
푸른 하늘을 찢는 코스모스 춤사위에
핏비 내려 붉게 타오르는 구월 산

수리바람아 바람도 춤이 있느냐
코스모스와 처녀는 아무 상관이 없는데
끝나지 않은 가을을 걸어가는 사람
날리는 것이 춤이면 그리움은 어떻게 추는지
보고 싶을 때는 어느 광장으로 달려가
갈 풀 사이 긴 목이 솟은 얼굴
코스모스 꽃 춤을 누구와 추란 말이냐

숨비 소리

바다 숨비 소리 들어 보았니
삼다도 해녀들이 열길 물속에 들어가
신이 허락한 하루의 양식을 캔다
바다내시경 눈처럼 산호를 헤치다가
참 숨의 한계가 오면 수평선을 향하여
터질 듯한 몸풍선 바람을 뺀다
기적소리처럼 내장을 훑어내는 소리
한 번의 물질을 마감하는 휘파람 소리
수고 없이 행복은 오지 않는다
아 빛 고운 바다 식량을 거두는 숨비 소리

세상 숨비 소리 들어 보았니
한치 앞도 안 보이는 어둠의 통로에서
끝없는 가난으로 한숨짓는 소리
무거운 질병으로 울부짖는 소리
악마 같은 절망으로 쓰러지는 소리
삶은 언제나 고생문을 들락거리는 여정
고통 없이 구원은 오지 않는다
아 저 멀리 희망의 햇살 퍼지는 숨비 소리

감옥 숨비 소리 들어 보았니
이리떼 속에 던져진 어린 토끼
시간도 공간도 멈춘 지옥에서
신의 감시 눈도 가려진 감옥에서
주먹으로 가슴을 치면 흑 – 숨 멎는 소리
발길로 복부를 차면 퍽 – 장 터지는 소리
몽둥이로 등을 때리면 뚝 – 뼈 부러지는 소리
마지막 한 호흡에 매달린 자유
죽음 없이 독립은 오지 않는다
아 빼앗긴 조국에 광복이 오는 숨비 소리

청동나비의 노래

땅에서 십 칠년간 살아온 애벌레 한 마리
아우내장터에서 나비로 우화하고 있었다
육신의 껍데기를 벗고 나오며
가녀린 더듬이도 끊어지고
얇은 날개도 찢어져 철철 피 흘리며
태극기 물결 속에 파도치는 만세소리
비명과 신음을 가슴에 안고
하늘나비로 천안고을을 날아올랐다

백년이 흐른 뒤 돌아온 나비
다시 몸 비틀며 청동나비로 우화하고 있다
아우내장터 매봉산 기슭 나비 광장
독립기념관 뜨락 천안시내 곳곳에
하늘 향해 두 팔 펼친 청동 더듬이
날 수 없는 청동날개를 접고
아픈 기억 벌써 잊어가는 우리를 보며
청동에 갇혀 목쉰 노래 부르는 나비여

나무야 친구야

솥적다 솥적다 소쩍울음 소쩍다새
보릿고개 넘어가는 울음으로 잎이 나고
뜸 푹들여 뜸 푹들여 뜸북울음 뜸북새
풀뿌리 캐먹는 울음으로 녹음지고
홀딱벗고 홀딱벗고 홀딱울음 검은등뻐꾹새
숨긴 곡식 빼앗기는 울음으로 꽃이 피면
나무야 친구야 눈물 난다야

나라를 빼앗겨 새소리조차 빼앗겨서
곳간에 귀신같은 한숨만 들어차면
온 백성이 소작민 쇠사슬에 감겨
메마른 황톳길 혼백만 떠다닐 적에
검정고무신 벗어놓을 뜨락마저 없어져도
아리아리 진달래 서러서러 꽃가슴
나무야 친구야 그리웁다야

내가 떠나간 길로 광복이 돌아오고
내가 노닐던 자리에 독립이 찾아오면
두견이 뜸부기 깊은 숲속 뻐꾸기
목청 돋은 울음으로 새잎이 나서
나무들과 친구들이 얼싸안고 춤추는 날
강물인들 새롭게 흘러가지 않겠느냐
구름인들 세 흥으로 흩날리지 않겠느냐

진행

죽음의 길로 쭉 나아갔다
자칫 멈출 수도 있고
멈춘다고 아무도 나무랄 사람 없는데
한 번도 뒤돌아보거나 늦춤 없이

살길 이었다면 길을 토막 내고
출구를 여러 번 바꾸기도 하면서
절충안이나 타협점을 찾았으련만
둘만 모여도 셋만 되면 더더욱
심지가 꺾이고 칼끝이 무뎌질까봐
홀로 길을 걸어갔다

두렵다는 말을 끝내 삼킨 것은
빙점보다 더 추울 수 있는
남겨진 세상에 뿌려대는 눈물
그리움 몇 개 앞을 막아섰지만
창문 열 듯 한쪽으로 밀어젖히고
챙길 짐도 없어 더욱 홀가분한 여행길

말없이 길을 걸어갔다
산 세월 짧아 본 것 별로 없어도
오래 살고 많이 본 사람들 보다
확실히 보았노라고
숨겨진 비밀의 화원을 지나서 갔다

천안삼거리

흔들리며 가누나
출렁이며 가누나
성환으로 아산으로

하늘은 이미 평안을 준비해 두었거늘
고운 땅에 평화의 사자들을 보내어
천안이라 이름하고
다스릴 것과 지켜야 할 것들을
때와 방법마저 알려 주었거늘
그 하늘과 땅의 이치를 헤아리지 않고는
천안삼거리를 흥얼거리지 말라

춤을 추며 가누나
바람 안고 가누나
목천으로 병천으로

능수버들 비단버들 꿈벅버들
청천에 사무치던 푸른 깃발
겨레의 뜻 겸손히 가슴에 새긴 채
천안을 오르내리는 길목에 버티고 서서
나라 안팎이 두루 편안해질 때까지
밤낮 없이 쓸어가는 고된 빗자루질을
두개골 무늬 호두과자 한 입 물고나서는
흥타령으로만 몰아붙이겠다는 것이냐

눈물 속에 가누나
넋을 잃고 가누나
전라도로 경상도로

우리가 너무 늘어졌구나
정신 못 차리고 늘어지고 있구나
유관순이 가던 길
태극기 안고 가던 길
만세 부르며 가던 길
천안삼거리 영혼의 길

촛불

난 내 마음을 따르리라
대낮도 밤처럼 어두운 날은
제 몸통의 심지를 태우는
반딧불이 하나도 빛이 되는데
등잔불 호롱불 껍데기가 남는
겉모습만 태우는 불꽃 아니라
온 몸을 심지로 돋우어
나의 머리부터 발끝까지
남김없이 태우고 태우다
흔적조차 남기지 않는 촛불 되리라

난 부끄러워하지 않으리라
하늘 제사가 시작되면
비둘기나 양이나 염소 송아지처럼
눈물 흘리지 못하는 살코기
뜻도 바램도 없이 죽어가는 희생 아니라
순전한 처녀자리 별의 옷을 입고
스스로 신성함 가득한 산제사
내 조국을 단단히 엮어 심지로 꼽고
영원한 광복에게 바쳐지는 불꽃
거룩한 첫 제물 되리라

국화누님 대 횃불누님

미당의 국화누님은
그를 만나기 위해
먹구름 무서리 같은 불면증으로
먼 길을 돌아왔지만
횃불누님은 그럴 시간이 없었다
태극기 흔들며 만세 부르며
곧바로 나에게 왔나

미당의 누님은
그에게 국화꽃 피기를 기다려
소쩍새 같은 자장가를 불러 주었지만
나의 누님은
이글거리는 횃불을 들고
게을러터진 나를 잡아 일으켰다

일어나라 일어나야 산다
왜놈들이 쳐들어 왔다
끝내는 우릴 다 죽일거다

미당은 국화향기 짙은 누님을 따라 갔다
절룩거리며 갔을지도 모르는 뒤안길
나는 선혈냄새 짙은 누님을 따라
비로소 역사의 길을 간다
굽었던 다리 힘차게 펴고 간다

일어들 나시오 제발 일어나시오
일본 사람들이 독도로 쳐들어 와요
끝내는 우리 땅 다 달라 할 것이오

해와 소녀

텅 빈 하늘 길 홀로 걷는 해를
소녀 하나가 뒤를 따라가고 있다
쫄랑쫄랑 뒤를 따라가고 있다

동쪽 구름 이는 수평선에서
서쪽 바람 부는 지평선까지
하늘 한 가운데를 유유히 시나처
세상 만물들을 빼놓지 않고 눈 맞춤하며
빛 고운 햇살가루를 뿌려대는 해를 따라
손 흔들며 꽃가루를 뿌려가는 소녀
오래전 아우내장터에서 시작된 일 이었다

아버지와 딸은 아니고
연인 사이도 물론 아닌 듯한데
새벽 붉은 장막을 찢고
푸른 창공을 걷기 시작하면
단발머리 촐랑이며 하룻길을 걷다가
지친 해가 노을 성으로 들어갈 때
쪼르르 은하 강에 빠져가는 나비
해도 그림자가 있을 수 있는가

백두에서 한라까지 손잡은 산마루마다
눈 똑바로 뜨고 바라보면
날마다 보일 것이다
어디서 많이 본 듯한 소녀
한걸음도 놓치지 않고 해를 따라가는
아우내장터에서 출발한 소녀를

독도아리랑
- 유관순을 위한 연가

당신은 얼마나 사랑하시나요
당신을 낳아준 외로운 섬
당신 사랑을 기다리고 있는 독도를
아려 아려 아리랑
쓰려 쓰려 쓰리랑
울어 울어 우리랑
목숨으로 지켜온 선조들의 땅
지금은 우리가 가꿔가야 하는 영토
내일은 아들딸들이 이끌어 갈 조국

무궁화영토에서 동해로 분가한 울릉도
울릉도에서 더 먼 동쪽으로 제금 난 섬
서도 동도 금슬 좋은 부부여
대한봉에 해 뜨고 우산봉에 달 뜨면
손잡고 부르는 사랑의 노래
이사부 안용복장군 반달선 노 젓는 소리

당신은 반만년 동안 아들을 낳았지요
광개토왕을 세워 고토를 복속시킨 뒤

을지문덕 강감찬 양만춘에게
강산을 수호하는 높은 기상을 받들게 하고
어진임금 세종에게 지혜와 영감을 주어
언젠가는 세계어가 될 한글을 만들고는
성삼문을 불러 절개를 알리시더니
정송강 윤고산에게 시를 강론하실 제
백결선생과 우륵 거문고로 하늘 연주를
김정희 먹을 갈아 추사체로 웃음글자
단원 겸제 혜원 사람 사는 세상
속 시원히 그리게 하셨지요

아리랑 아리랑 독도아리랑
바다제비 괭이갈매기 슴새
여든아홉 작은 섬 별빛 등대지기들
바다 속 절경이룬 산수화는 빙산의 일각
오늘도 그리운 이름 불러나 보세

당신은 그 아들에 아들도 낳으셨지요
거북선에 올라 바다를 호령하던 성웅 이순신

진주성 성벽에서 적을 무찌르던 영웅 김시민
행주치마 눈물겨운 한강의 기적 권율장군
곽재우 신돌석 백의종군으로 바친 목숨
휴정 유정대사 호국수행 일깨우고
율곡 퇴계 선비정신으로 쌓은 학문의 동산
나라 운명이 바람 앞에 촛불인데도
간신과 모함이 들끓던 당파싸움
파멸을 치닫는 망국의 끝자락에서
이 나라 이 민족 구해냈지요

아리랑 아리랑 독도아리랑
갯파랑이꽃 붉은가시딸기 노간주비짜루
참깃털 무룬나무 달뿌리풀 날개하늘나리
바위에 손발대고 바람맞는 얼굴들
언제나 외로운 이름 불러나 보세

나라를 빼앗긴 절대 슬픔 속에서도
당신의 자랑스런 아들들은 자라났지요
대마도에 잡혀가서 끝내 주려죽으며

신발에 조국의 흙을 깔았던 의병장 면암선생
청백리 이준을 헤이그 밀사로 파견하여
진정한 배가름이 무엇인지 알게 하고
안중근을 불러 침략의 흉수 이등박문을 저격
윤봉길 이봉창 폭탄처럼 산화한 뜨거운 가슴
도산 백범 조국의 지도자로 세우시더니
이육사 윤동주 영혼에 매단 시어들
주기철 손양원 목숨 걸고 맞서던 귀신참배
숨겨진 큰 사람 상동교회 전덕기 목사여

아리랑 아리랑 독도아리랑
오징어 다시마 소라 전복 보라성게
원주민의 바다에 함께 사는 가족들
호적지를 옮기고 주소지를 바꾼 사람들
꿈꾸듯 반가운 이름 불러나 보세

당신은 고운 딸도 낳으셨지요
신사임당 높은 시화 오죽 닮은 여인을 불러
어머니의 강하고 위대함을 보이시고
남강 푸른 물에 매화꽃 뭉텅이로 떨어진

영원한 스무 살의 전설 논개여
이윽고 당신은 최고의 딸을 낳으셨어요
민족의 자존심 어여쁜 누님 유관순
대한독립만세부터 독도는 우리 땅
아우내장터 만세소리를 당신에게 돌려준
짐략의 나라에 폭탄보다 무서운 교훈
누구든 독도를 털끝 하나 건드리는 것은
당신 아들딸들을 모독하는 것이라고
겨레의 분노는 더 불타오를 것이라고
우리 마지막 소원 통일로 가는 길목에서
이제 슬픈 역사는 예서 멈춰야 한다
평화의 꽃잎 되어 사랑노래 불러주는
대한의 일부 독도 독도의 일부 유관순

아리고 쓰리고 울부짖는
아리랑 아리랑 독도아리랑
독도수비대 독도함 용사들의 눈은
대양을 향해 깜박임조차 없는 불빛
아아 우리 가슴 우리 땅 우리 영혼
눈물 속 고마운 이름 불러나 보세

내가 기다리는 여자

내가 기다리는 여자는
이 세상에 없는 여자
어딘가 틀림없이 있을 텐데도
만날 수 없는 여자

키가 작아도 목이 짧아도
말라깽이 뚱뚱보라도
무섭지 않은 여자
예쁘지 않아도 한쪽으로 기울어져도

눈 속에 도끼가 없는 여자
말 속에 칼날이 없는 여자
손 안에 송곳이 없는 여자
품 안에 바늘이 없는 여자

나의 잘못을 받아주고
내가 변하도록 이끌어 가며
나무람보다는 눈물로 안아주는
어머니 같은 여자

그러나 그 부드러움 속에서도
진정한 사랑을 위하여
목숨도 바칠 줄 아는 여자
유관순 누님 같은 여자

아직 한 번도 만나 본 적 없는
만난 줄 알았지만 끝내는 아닌
내 생에 꼭 한 번 만나고 싶은
희귀한 여자 옛날 여자

밀알

충무공 이순신 충무공 김시민
바다에서 육지에서 강변 산성에서
왜적을 혼쭐 낸 승리를 거두고
장렬한 죽음으로 수호신 되었지만
님들에겐 나라도 임금도 있었다

빼앗긴 나라 잃어버린 임금
백성들은 갈대처럼 바람에 흔들리는데
누가 이 마른 흙에 밀알을 심으랴

윤봉길 이봉창 뜨거운 가슴으로
응징의 폭탄 수류탄을 던지고
감옥 어두운 통로를 지나 사형장까지
당당히 죽음과 맞서 수호신 되었지만
님들에겐 그래도 임시정부가 있었고
백범 같은 민족의 지도자도 있었다

맨손으로 거리에 뛰쳐나가
쉰 목소리로 하늘 향해 만세 부르며
의지할 것이 태극기 밖에 없었던
아우내장터 4월의 눈물은
한 알 밀알로 독립의 땅에 묻는다

햇빛과 빗물이 번갈아 찾아오고
달빛 별빛이 뒤섞여 덮어주면
썩어져 기름조차 증발한 죽음에
꽃이 피고 열매가 맺혀가는 기적
이 강산 자유가 물결치는 밀밭 될 적에

추수꾼들이 황금 낫 갈아들고
흥타령 풍년가 절로 부르며
춤추는 광복의 들녘을 찾아와
이제 통일은 너의 몫이라며
밀알 하나 쥐어주는 수호천사

유관순과 독도

난 독도의 딸입니다
아버지 어머니가 한날 죽어서
서러운 고아가 되었을 때
서도가 날 불러 아버지 되고
동도가 날 불러 어머니 되어
이사부길 안용복길 내 마음 길입니다

천년동안 우리를 괴롭힌 왜인들은
틈만 나면 나를 죽이려 하고
끊임없이 독도를 빼앗으려드니
나 다시 고아 될 수 없어
하늘나라 가는 길 잠시 멈추고
내 영혼 독도에 가서 살렵니다

우산봉에 해 뜨고 대한봉에 달뜨면
동해 가득 내리는 별빛으로 단장하고
가슴 속 피 묻은 태극기 다시 꺼내어
아우내장터 목 놓아 부르던 그 목소리로
대한독립 만세 독도는 우리 땅
님들이 찾아오는 길목마다 뿌리렵니다

나만이 독도의 딸 독도의 자식 아니라
이 나라에서 태어난 사람 가축까지도
독도의 딸이고 아들이거늘
한줄기 뿌리라도 가슴에 남아 있거든
다시는 나라 팔아먹는 바보짓 하지 말고
유관순이 사는 독도 보듬으라 외치렵니다

그대 있음에

그대 없었다면
난 하늘을 바라보지 못했을 것입니다

사람은 죽으면 영혼이
다시 살아나는 진리도 믿지 않았을 것이고

이 나라에 태어났어도
나라에 도움은커녕 짐만 되어서

멍충이 식충이로 살았을 것입니다
그대를 만나지 못했다면

예수님 부활도 믿지 못한 채
그대 계신 천국에서 먼 지옥에 갔을 것이고

나라 소중함도 모르는
통지기 반빗아치나 훔치는 한량패였을 텐데

그대 있음에
아우내장터 눈물공원 보듬이로 남았습니다

누님에게

당신은 죽어서
우리의 누님
깃발 흔들며
만세 부르는 누님

어린이나 늙은이
남자나 여자
높거나 낮은 사람
부자든 가난한 이든

지난날이나 지금
앞날 더 앞날에도
당신은 살아서
우리의 누님

유관순과 잔다라크-잔이 순에게

순, 그대도 결국 별이 되었군요
우리는 같은 나이 소녀
나는 유럽의 중심 프랑스에서
그대는 아시아의 중심 코리아에서
나라 위해 떨궈진 못 다 핀 꽃송이
스무 살 생의 언덕을 넘지 못한 채
나는 몇 번씩 불에 타서 강물에 수장되고
그대는 수많은 몰매로 허공에 흩어져서
조국은 우리에게 젊은 죽음만을 주었네요

순, 그대가 청청한 별로 떠오르던 날
새롭게 처녀자리 별자리가 만들어져서
서쪽 하늘 왼쪽에 우리 둘이 자리 잡을 때
하늘을 뒤덮은 별들이 축하를 하면서도
사뭇 풀지 못한 의문이 있었어요
코리아는 일본에게 많은 것을 주었는데
그들은 끝없이 침략과 만행을 저지르고
사람의 도리마저 헌신짝처럼 버린 일이
별나라 구석구석 이해가 안 갔어요

그리고 더욱 별들의 치를 떨게 한 것은
그들에게 행한 고문과 매질과 모욕
살은 다 찢어지고 피는 다 쏟아지고
뼈마디 내장 실핏줄 까지도 멍들어
그대가 마지막 고통 숨 내뱉을 때
은하강은 천길만길 솟구쳐 오르고
별자리들도 동서남북 뒤집혔지요
순, 우리는 알고 있어요
그대는 역사상 가장 슬프게 죽은 영웅
가해자들은 반드시 정의의 심판을 받아
비참하게 지구에서 사라지겠지요
어서 내 빛 손 잡고 쉬어요

유관순과 잔다라크 – 순이 잔에게

잔, 그대는 원래 별이 되었군요
우리는 열여덟에 잡혀 열아홉에 죽은
참으로 닮은 영혼들
그대는 프랑스를 위해
백년전쟁을 승리로 이끌어 갔고
나는 대한민국을 위해
자주 독립의 불씨를 지폈던
우리는 자유를 위한 항해자들
등대 불 달빛 없이도 가야만 하는 운명

그대 마녀의 낙인이 찍힌 채
감옥의 모진 고문을 거쳐
구경꾼들 광장을 가득 메운 화형장
형틀로 묶인 막대기채 불타올랐고
세 번 구워진 시체는 세느강에 버려져
때로는 강물도 무덤이 되는가
푸른 물결 따라 떠도는 영혼
오백년 전설 오를리앙의 전사여

말도 안 되는 적들의 종교재판에서
글씨도 못 배운 농장의 소녀가
교묘한 얽음망의 마귀시험을 이기고
그들을 몇 번이고 진땀 빼게 한 것은
그대 소망이 하늘에 닿아서
하늘 주인이 보낸 천사를 만났기 때문
하늘과 땅을 감동시킨 소녀여
잔, 그대는 진정한 빛의 영웅이어라
시공을 뛰어넘어 나 그대를 만나
나라사랑 깊은 흠모 고개 숙이나니
우리 손잡고 별들 품으로 파고들어요

구응오빠

오라버니
그대는 하늘에서 내려온 사람
아니 땅에서 솟아난 사람
이미 피로 물든 아우내장터
서른 살 젊은 혼으로
새롭게 역사에 새겨지던 순국의 이름

훤칠한 용모에 다감한 미소
용기도 지혜도 부족함이 없는 청년
여자라면 누구나 좋아하는 똑똑한 분
서울에서도 만나본 일 없는
그대는 소녀에게 최고의 남자

제발 일어나요
그렇게 죽으면 세상이 거짓으로 끝나죠
아무도 오라버니를 알아주지 않고
허깨비 춤 위세 떠는 일본헌병대 앞에서
대한독립만세 함성처럼 어서 일어나요

태극기 그릴 때 함께 했고
어제 밤 매봉산 눈물 봉화를 피울 때도
청솔가지 부채질하며 웃음 건네던 여유
이윽고 아우내장터 만세폭풍 일 때에
쏟아지는 황금빛 햇살 속으로
맨 앞장서 뛰어들던 기백

구응 오라버니는 그날 죽고
나는 잡혀 이렇게 옥중에 있는데
온 몸에 구둣발 주먹질 쏟아질 때마다
먼저 떠난 그대가 그리워
그대 없었으면 만세소리도 없었겠지
그대 없었으면 유관순도 없었겠지
나 곧 하늘나비 되어 그대에게 가려니
꽃단풍 드는 가을 날 저녁 무렵 만나서
연인처럼 오누이처럼 은하강가 걸어요

낙엽

한 계절을 무지개빛 풍경화로 수놓는
무수한 나무들의 단풍이
꽃처럼 매달려 있을 때보다도
더 이상 매달려 있을 수 없어
땅에 내려와 수북한 무덤으로 쌓일 때
특별한 아름다움을 느낀다는 것은
가을 숲에 가본 이들에겐 비밀도 아니지만
소녀처럼 팔랑거리다가 눕는 잎사귀가
그렇게 정답다는 것을 처음 알고는
어떤 소녀가 생각났다

발도 뻗지 못하는 독방 감옥에서
철창사이로 가을이 보이고
단풍 무덤을 헤치고 비상하는 훌훌한 낙엽이
끝내는 자기의 영혼임을 깨달았을
살아서 소녀 죽어서 누님은
석방명령서를 쥐고 비웃고 있는
침략꾼들 매질의 손을 미끄러져
시월 그 하룻날을 못보고 떠났다

지난 칠석날을 며칠 앞두고
오작교에 매달려 있다가 못 견뎌 떨어진
몇 마리 까막까치들이
단풍나무에 앉아 불러주는 영가는
고문에 피폭된 육신을 위한 만가
그리움의 색깔 단풍 빛에서
체념 색깔 낙엽 빛으로 탈색 된
눈물은 아 뜨거운 눈물은
영혼의 강에 떨어지는 빗방울
그래서 낙엽 밭에 떨어지는 가을비가
내 목에 섬뜩섬뜩 서러운가 보다

밥

당신은 어떤 밥을 드시고 배부른가
오늘도 향기롭고 기름진 밥상을 찾아
십리 길을 지새우진 않으시는가

일 미터 칠십 센티에 가까운
십 칠세 소녀는 눈물밥으로 배불리다
일 년 육 개월 만에 말라깽이가 되었다
검은 밥 한 덩이 던져준 일인들이
무수히 복부를 짓밟는 발길밥에
뱃속 깊은 내장까지 몽땅 부어서
콩밥마저 살로 가지 못했다

쌀밥이 먹고 싶었다
용두리 집 앞 논배미에서 거둔 햅쌀
가마솥에 짚불을 지펴 뜸이 들면
엄마가 솥뚜껑 미끄러 열고 퍼낸
청자 빛 윤기가 서리는 찰진 밥에
꺼먹 돼지고기 한 점 올려놓던 고향

그 나락을 바심하는 가을 날
맨밥만 먹어도 사탕처럼 다디달
햅쌀밥 한 그릇 먹지 못하고
빈 위장을 사자밥으로 채운 소녀는
빼앗긴 나라 잃어버린 조국이 준
하늘밥이라 믿었다

그 소녀가 밥을 못 먹어 죽었듯이
밥은 먹어야 산다
그래도 어떤 밥은 너무 먹으면
죽을 수도 있음을 알아야 한다

매봉산 해맞이

해가 뜬다
민족의 얼이 서린 하늘길로
구름을 헤치는 힘찬 써레질
부챗살처럼 퍼지는 새해 염원이
건.이.감.곤 네 날개를 활짝 펼치며
태극기 하나가 떠오른다

여기 매봉산에 봉화연기 오르던 그날
목천 성남 수신 병천 진천까지
죽어서라도 내 나라를 지키자던 결의
아우내 장터로 모이라는 약속을 전하려
이 산에서 저 산 먼 산 더 먼 산
뜨거운 눈물로 청솔가지 불붙이던 사람들
밤새 뜬 눈으로 새벽을 기다리던
아아 영원한 삶을 출발하던 열일곱 소녀
유관순의 해가 뜬다

보아라
지금 우리 눈앞에서 저 붉은 태양이
산마루에 아직 남아있는 그날의 불씨를
다시 피워 올리는 불사조가 되어
우리의 영혼을 뜨겁게 달구는 장관을

온 세계가 손가락질 하는데도
지난날을 속죄하기는커녕 빳빳하게 쳐드는
섬나라 더러운 침략의 정수리에
우리는 또 한 해 힘든 가르침을 퍼붓기 위해
선열들의 봉화통신 슬기를 배워야하리
매봉산 꼭대기부터 기슭까지 녹아있는
그 분들의 피와 땀 눈물을 채워야하리
해가 뜬다
천안고을 솟는 해가 조국의 새해 밝히고
천만대 물려줄 이 땅을 지켜야한다는
우리들 뜨거운 가슴으로 해가 뜬다
활활 타오르는 민족의 봉화여
영원히 꺼지지 않는 겨레의 혼불이 되어

하늘과 땅을 이어주는 평화의 천사
태극기 속 환하게 웃는 얼굴
유관순이 솟아오른다

파랑새를 찾아서

한 마리 파랑새를 찾아서
인생의 몇 구비를 휘돌았다
사람들은 전설을 좇는다 하기도 하고
뜬 구름을 잡으러 다닌다 했지만
어딘가 엔 분명 있을 것이라고
이 세상에 없으면 저 세상이라도
뒤지고 찾고 부를 것이라고

사람들은 미쳤다고 했다
놀리 듯 숲을 가리키기도 하고
깊은 강물 속을 찾아보라 했지만
은하 강을 노 저어 건너서라도
파랑새 여정은 멈출 수 없었다
내 인생의 마지막 혼 불이기에

독도 가거도 백령도 먼 섬
갈매기에게 길을 묻고
설악 태백 지리산 백두줄기
산새들에게 방향을 물었지만
파랑새는 흔적조차 없었는데
귀밑머리 하얗게 감기던 어느 날
꿈에 그리던 파랑새를 보았다

충절의 중심 천안에서 동쪽
아우내장터를 날고 있는 새
입술에 붉은 횃불 물고
눈에 하늘 빛 등불을 켜고 있는 새
아 거룩한 혼 유관순 넋 새
내 평생 찾아다니던 파랑새여
가슴을 풀어 새터 문지기 되었다

배꽃학당

이화여고는 유관순 학교다
유관순은 이화여고 학생이다

배움의 날줄과 독립의 씨줄로 엮은
학교와 학생은 꽃송이와 꽃잎

무거운 발걸음 삼월에 교정을 나섰다가
이듬 해 시월 시체로 돌아온 모교
살아나간 교문으로 죽어 들어오던 날
벽안의 스승도 조국의 선생도
더 이상 침묵하는 배꽃이 아니었다

살아서 만나기를 기도하던 동무들은
하얗게 질린 창백한 배꽃

지금도 배꽃학교 졸업생 재학생 가슴마다
삼월이 오면 진달래보다 붉은 배꽃이 핀다

매봉감리교회

옛 지령리 유관순이 태어난 이웃에
조금 먼저 태어난 매봉교회
후미진 산골에 백년이 넘은 교회를
세상 상식으로 판단하지 말아라
하나님께서 오래 전에 예비하신
아우내 만세운동의 산실
매봉교회가 없었다면 유관순도 없었다

태어날 때부터 순전한 감리 교인이
이화학교로 보내진 것도 우연이 아니었고
전도사였던 삼촌이나 이웃 사람들
기독교 복음이 사명감으로 불타올라서
아우내장터 태극기 강물을 이루었다

독립의 심장 유관순이 떠나고
많은 교인들이 순교를 겸한 순국으로
아직 초상집이 즐비한 지금 이름 용두리
마을을 불태운 일제의 만행은
유관순을 죽이듯 교회를 불태웠지만

이화인들 피 눈물로 구워 낸 붉은 벽돌로
생가 옆에 단장한 매봉교회는
십자가에서 흘러내린 예수님의 피와
아우내장터에서 흘린 성도들의 피에
유관순 젊은 피가 덧칠 되어
오늘도 생가를 찾는 사람들에게
성령의 살아있는 말씀을 전하고 있다

예언

이 책을 들고 바라보기만 해도
한 가지 소원이 성취 된다

이 책을 넘겨 첫 장만 읽어도
두 가지 소원이 성취 된다

이 책을 깊이 다섯 장만 읽어도
세 가지 소원이 성취 된다

이 책을 끝까지 읽고 또 읽으면
하늘이 통째로 들어와 안긴다

책속에 유관순이 웃음 띠고 앉아서
문 열고 들어오는 당신을 축복하기에

반드시 느끼고 꿈꾸고 기도하며
어느 듯 저 높은 곳에 서 있게 된다

저울

달아보겠느냐 사랑무게
천칭 한 쪽에 그대 올라앉고
맞은편 텅 빈 원형판에
나라를 위해 흘린 유관순 눈물 한 방울

달아보겠느냐 목숨무게
막대저울 갈고리에 그대 묶어 놓고
한 쪽 철추를 꿰는 곳에
고문으로 빠진 유관순 손가락 하나

기어이 달아보겠느냐 영혼무게
시소 둥근 나무에 그대 걸터앉고
반대편 기다란 나무 끝에
아 저항 없이 피맺힌 유관순 음성 한 조각

그대는 한 번도 내려가지 못했다
유관순과 균형을 맞출 유일한 방법은
비교가 불순할 정도로 그대 가볍다는 것을
깨끗이 승복하는 일이다

훨씬

우리가 아는 것은
모르는 것보다 훨씬 작습니다
우리가 보는 것은
보이지 않는 것보다 훨씬 작습니다
우리가 갖은 것은
갖지 못한 것보다 훨씬 작습니다

남보다 콩꼬투리 하나 더 있다 해서
다른 사람보다 위에 있다는 생각
하늘에 삿대질까지 하는 것은
난 우물 안 개구리요 하는 것입니다

우리 사랑은
유관순보다 훨씬 작습니다
우리 용기도
유관순 보다 훨씬 작습니다
우리 아픔도
유관순보다 훨씬 작습니다

그걸 뼈저리게 느끼면서도
유관순을 낮추고
자기가 높아지려 한다면
난 둠벙 속 가재요 하는 것입니다

유관순은 오늘도 종을 칩니다
나라를 위해 풀꽃처럼 목숨 버린 사람들
머저리 쪼다 등신 취급해도
우리는 그들보다 훨씬 작습니다만
그러나 깨달으면 비로소 크다 하십니다

연상의 여인

연상의 여인을 사랑 했네
하루라도 생각하지 않으면
내 눈동자 하얗게 바래고
들숨조차 거칠어지는 그리움으로
나 스스로 그 사람 포로가 되었네

나보다 조금 많은 나이
오십년 하고도 한 살 더 많아도
박연폭포에서 한눈에 반하여
열렬히 사모하다 상사병으로 죽은 내 혼
막 상여 운구 되어 그녀 집 앞 지날 때
상여꾼들 떨어지지 않는 무거운 발걸음
벗어던진 속적삼 노제로 한을 풀었던
육정의 날개 황진이에 비하면
한 번도 남자를 사랑해본 일 없는
소녀에서 처녀사이 순수무구 여인

분황사 일주문에 기대어
그리움으로 잠든 내 연모의 가슴에
황금 팔찌 던져놓고 떠난 선덕이여
심화로 내가 활활 불타죽던 날
그대는 한 편 시로 영혼을 달래려 했지만
내 사랑은 하늘에 오르지 못했는데

신라의 홀로 사랑 지귀도 못 이룬
조선 상사병의 대명사 총각도 풀지 못한
외골수 내림사랑의 슬픈 전설을
연인 찾아 세상을 떠돌던 나그네
유관순 그 절대 누님을 짝사랑하여
이제 방황 없는 천년사랑 길 가고 있네

금규

아름다운 왕비 에스더여
순결한 여인 에스더여
유대백성들이 위기에 처하자
삼일 금식기도하고 왕에게 나아갈 때
죽으면 죽으리라
담대히 아하수에로 왕 금 홀을 잡고
모르드개를 앞세워 하만을 장대에 매달아
절대 절명에서 나라를 구한
지혜롭고 용감한 에스더 왕비여

아름다운 누님 유관순열사여
순결한 열일곱 소녀여
나라를 빼앗겨 꿈을 잃어버린 조국
독립을 되찾으려 동지를 모으고
삼일 금식기도하고 매봉산 봉화 올릴 때
죽으면 죽으리라
담대히 하늘의 금규를 구하여
아우내장터 맨발로 떠나
고향 뒷산 초혼묘로 돌아온 이여

이제 우리도 그날의 금규를 보았으니
언제든 나라에 위기가 오면
삼일 금식기도 후 하늘임금 우리 주님
내미시는 금 홀을 잡기 위하여
죽으면 죽으리라
님들처럼 담대히 나가렵니다

금식 굶식

밥을 굶어보았니
금식은 먹을 것이 많고 많아도
영혼을 조약돌처럼 씻기 위해
스스로 결단한 죽음체험으로
밥숟갈을 빈 위장에 감추는 것이고

굶식은 배가 고파도 먹을 수 없는
질병 전쟁 기아 매몰 범죄로 하여
무엇엔가 강요당하는 죽음의 서곡으로
밥숟갈을 주린 위장에 빠뜨린 것인데

매봉산 금식으로 시작한 유관순은
형무소 굶식으로 끝을 맺었다
감옥에서 주는 꽁보리 주먹밥 한 덩이
반찬은 짠지 몇 개에 멀건 소금국
그것마저도 먹을 수 없었다
고문과 구타로 부은 얼굴과 내장
씹을 수도 삼킬 수도 소화마저 어려워서
살과 뼈가 배와 등이 맞닿았고

큰 키도 한 뼘이나 줄었다
산처럼 많고 향기로운 음식 바다에서
무엇을 먹을까 개구리 헤엄치는 그대여
맛있고 영양 좋은 음식 배불리 드실 때
한번 쯤 유관순이 못 먹고 물려준 음식
지금은 집집마다 식당마다 넘쳐나는
풍성한 식탁을 감사하지 않겠나

터닝 포인트

당신을 처음 만난 날
가슴이 뛰었습니다
한 없이 흐르는 눈물로
끝 사랑을 고백했습니다

내가 살아온 날들이 헛것이었고
내 사랑이 너무 작았습니다

세상의 어떤 가르침보다도
당신은 위대 하였기에
나 이제 사람답게 살기 위하여
당신 고난의 길 갑니다

당신은 나의 전환점 이었고
내 마지막 사랑입니다

유관순 나의 연인

당신의 웃음으로 꽃이 피네요
당신의 몸짓으로 하늘이 열리네요
난 당신을 사랑하기 위해
그 하늘 꽃으로 태어난 사람

당신이 사랑했던 모든 것
나 똑같이 사랑할 이유는
먼저 떠난 당신 찾아가는 어느 날
연인처럼 반갑게 맞아줄 것 같아

백년이 백번을 다시 흐르고
세상의 많은 것 흔적 없이 지워져도
당신은 온전히 남아 있으리니
그 별 더욱 빛나게 닦아주고 싶어서

내 가슴을 통째로 가져간 사람아
진정 누군가를 사랑하지 못하고
슬픈 가슴으로 떠돌던 나에게
마르지 않는 그리움의 샘물 된 이여

나는 늘 너그러운 듯 편협 했고
남을 위하는 척 나만을 위했는데
당신의 큰 사랑 알고 난 뒤부터
하늘을 훔쳐보는 것조차 부끄러워

한 사람만을 사랑하기로 했네
목숨 바쳐 찾은 나라 나도 함께 찾고
당신이 꿈꾸던 세상 손잡고 가려고
눈물 사랑 길 따라 나서기로 했네

유관순의 시

나는 지금 유관순을 쓰는 게 아니라
그 사람이 살았던 나의 조국을 쓰노라

짧은 세월 무섭도록 아프게 살면서
영원한 가르침을 남기고 떠난 그 사람

눈을 통하여 민족의 끈질긴 역사를
손을 통하여 겨레의 억센 삶을
입을 통하여 조국의 동트는 희망을
가슴을 통하여 대한의 위대한 얼을
속속들이 비춰보길 원하노라

무엇을 위해 살았느냐 보다
무엇을 위해 죽었느냐에 대한 질문에
모범답안을 던져준 사람
시로 쓰는 것조차 부끄러운 줄 알면서도
그것마저 드리지 않으면 죄가 될 것 같아
그 사람 겉옷자락 여미는 마음으로
오늘도 나는 유관순을 쓰노라
눈물가슴으로 고운 누님을 쓰노라

그대여, 유관순의 코리아여

아침에 눈 뜨니 그대가 서 있었네
햇빛도 들지 않는 지옥 감옥
고문으로 피 흘린 상처 도로 터져서
온 몸이 문어 낙지로 뒤틀리는 내 앞에
나 보다 훨씬 남루하고 아픈
거지병자처럼 힘없는 모습으로
나를 바라보고 있었네

그대 나이 오천 살 조금 아래
고조선 고구려 백제 신라 발해
고려였다가 다시 해 뜨는 조선
이제는 대한민국이라고 부르는
이름도 수 없이 바뀌고
찢기고 할퀸 자국이 아물지 않은
그대가 내 앞에 서 있었네

슬픈 눈으로 나를 바라보던 그대가
목숨을 줄 수 있느냐고 물었네
나는 망설임 없이 대답했네

하나 뿐인 작은 목숨이지만
그댈 위해 기꺼이 바치겠노라고
그대는 더욱 슬픈 표정으로 말했네
이제 그만 얻어맞고 따라나서서
광복의 꽃 독립의 씨앗이 되어 달라고

나 그때 확실히 다짐 받았네
이 소녀의 꿈과 소망 모두 드리나니
그대 죽은 피 내 젊은 피로 수혈하고
더 이상 빼앗기거나 업신여김 당함 없이
더 이상 다른 이름으로 바꿈 없이
나의 조국으로 천만년을 가다오
이제는 유관순도 일본군도 나타나지 말고
하늘 아래 가장 아름다운 나라
살아있는 것들의 마지막 존재가 되어다오
그대, 내 사랑 유관순의 코리아여

철창 속 영결식

아버지 오늘 떠나시는 날인가요
황톳길 걸어가노라면 마른 강
노를 못 젓는 배를 타고 건너가면
별들이 모여 사는 머나먼 나라
아시나요 아버지
그날 아우내장터에서 순사의 칼에 찔려
땅에다 온몸의 피를 쏟아놓으시고
저항 없는 몸짓으로 돌아가신 뒤
어머니 또한 서슬 퍼렇게 노려보시다가
아버지 뒤를 따라가신 아득한 일을

알려주셔요 아버지
지금 가시는 눈물비 내리는 하룻길
어머니도 함께 걷고 계신 가요
아버지 어머니 돌아가시던 날
아저씨 노인 분 젊은이까지
열일곱 분이 더 화를 당한 죽음의 뜰에서
저는 헌병대 밧줄에 개처럼 묶여
공주경찰서 유치장에 잡혀가서는

주먹질 매질 발길질에 펭한 눈으로
창살에 불효만 걸어놓고 있네요

알으셔요 아버지
내 고향 매봉산 골짜기 산비둘기 울고
소녀 가슴처럼 진달래꽃 몽울 지는 봄날
노제도 없는 운구행렬 앞소리 구슬퍼
상여꾼들 발걸음 울분만큼 무거울 텐데
가슴에 묻은 자식 없어 숨이 덜 차실 발길
철창 속 영결식 그 강물 같은 외로움으로
소녀도 손 모으고 뒤 따라 가렵니다
꿈도 소망도 검정고무신처럼 벗어놓고
아버지 가신 발자국 눈물 지우러 가렵니다
은하강에 광복의 꽃비 내리는 날 아버지
소녀가 어머니 쪽진 머리 빗어드리면
주렴 달린 거룻배 타고 우리 별나라 마실가요

누님을 앉혀놓고

울타리 너머로 매화꽃 몽울 지는 밤
부모님 앉혀놓고 형제들과 태극기 만들며
소녀 모습 그대로 들떠 있었던 누님
백년 뒤 아우내장터 한적한 공원에서
사람들이 모여들기를 기다리는 동안
태극기를 꺼내 펼치려는데
당신의 웃음 같은 바람이 스쳐갑니다

지금 당신 동상 맞은편 벤치에서
진작부터 손깍지 끼고 앉아계시며
우리들이 바쁘게 돌아치는 모습
간곡히 모은 시와 노랫말을 드리려
당신이 먼 은하언덕에 계실 거라고
하늘에 출렁다리 놓을 생각뿐인 우리에게
나 여기 있어 나 여기 있어
알아들으라는 듯 속삭이며
조용히 손뼉 치는 소리 들려옵니다

누님을 바로 앞에 앉혀놓고
당신 보기엔 시시한 시 몇 편으로
큰 애국이나 하는 사람들처럼
그날 만세 부르며 나아가는 동지들처럼
미소 뒤엔 비장함이 소용돌이치는 우리에게
아 재미 있어 아 재미 있어
눈시울 적셔가는 누님

인생은 한 번 피었다 지는 꽃잎
사랑은 하늘을 오르는데 필요한 날개
땅 속으로 파고들지 말고
우리 다 함께 하늘을 오르자
나 이제 백년을 기다렸노라
사랑날개 하나씩 매단 천사들아
아우내가 그 기항지노라
당신의 기도 같은 바람 스쳐갑니다

유관순 따라잡기

내가 왜 유관순 누님 곁에서 걷느냐면
일본사람들이 무서워서다
남의 땅을 자기네 땅이라 우기고
틈만 나면 땅 빼앗을 생각 무서운 사람들
그 무서운 사람들을 무서워하지 않던
몇몇 분이 계셨지만
가장 젊은 나이 연약한 소녀의 몸으로
총칼을 받아내고 협박을 이기고
죽음마저 뛰어넘어서
두고두고 일본인들 가슴에
영원한 뉘우침을 던져준 사람
그 뒤를 바짝 따라잡으면
나도 배포가 커질 것이기 때문이다
살다가 가장 아픈 것이 죽음인데
나 살기 위해 아니 덜 아프게 죽기위해
유관순 그 강력한 초인 곁에서
하늘을 함께 두고 살고 싶지 않은
일본과 일본정신 갖은 사람들
몇일지 몇을 뺀 천체일수도 있는

미치광이 침략자들을 노려보는 것이다
그래서 내 삶도 간단하다
유관순 누님 저고리 치맛자락 움켜쥐고
호랑이 눈으로 일본인을 호령하다가
누군가 날 죽이려고 현해탄을 건너오면
유관순 누님처럼 죽으면 되는 것이다
영원히 옆에서 걸을 수 있도록
하늘 보며 목숨 내놓으면 되는 것이다

놀라운 일들

참으로 놀라운 일입니다
그 경이의 중심에 서 있는 당신
복사꽃 볼을 지닌 소녀가
위대한 성인의 반열에 오를 수 있는지
수줍고 꿈 많은 학생이
끝내 조국을 구한 영웅이 되었는지

당신은 죽어서
독립의 씨앗 광복의 열매가 되어
삼천리 방방곡곡 민족혼을 깨우고
고구려 옛 땅을 넘어
중국 본토까지 불타오른 독립항쟁
윤봉길 이봉창 순국의 얼들
이육사 윤동주 감옥에서 부르던 노래

당신은 죽어서 산맥이 되고 바다가 되고
연약한 그 몸 어디에
철보다도 금강석보다도 강한
용기가 숨어 있었을까

풀잎처럼 여린 그 어깨 어디에
천년동안 꺼지지 않고 타오를
횃불을 지필 기름이 고여 있었을까

목숨이 아까워 양심을 쏟아버린
정치가 지식인 종교인 예술인들
아 이 땅의 마지막 보루였던 시인마저
영혼을 팔아먹고 허깨비 춤을 추던
난세의 기나긴 통로에서
우리의 한과 응어리를 풀어줄
혜성으로 내려온 당신
참으로 놀라운 일입니다

동지여 횃불을 들고

햇빛 시린 아우내장터 동지여
칠흑 같이 어두운 대낮엔
한 손에 횃불을 들고
한 손에 태극기 들고 나가세
뒤도 옆도 돌아보지 말고
똑바로 앞만 보고 나가세

죽어가는 비명소리 천지를 울려도
아직 손과 발이 흔들리고
심장이 뜨겁게 뛰고 있거든
동지여 눈 부릅뜨고 나가세
소리 없이 흐르는 눈물
불끈 쥔 맨주먹으로 훔치며 나가세

총칼에 쓰러진 죽음을 넘어서라도
저 함성의 끝에 가보세
오늘 아무도 살아있지 않더라도
저 태양의 끝에 가보세
밝아오는 새벽이 기다리나니
우리를 맞아 줄 겨레가 기다리나니

아우내 연가

하늘이 열리는 날은
아우내로 함께 가요
작은 공원 벤치에 앉아
님께서 눈물로 뿌려놓은
반짝이는 햇살을 보아요
우리 가슴에도 태양이 떠올라
생명싹게로 싶이게 되지요

아 유관순의 눈물이 시냇물로 흐르는
백년이 가도 천년이 가도
영원한 사랑의 전설 아우내 아우내

사랑이 열리는 날은
매봉산에 함께 가요
높지 않은 산봉우리에서
님게서 기도로 살려놓은
영혼 같은 불꽃을 보아요
우리 가슴에도 횃불이 비춰져
생명나무 자라게 되지요

아 유관순의 눈물이 시냇물로 흐르는
백년이 가도 천년이 가도
영원한 사랑의 전설 아우내 아우내

아우내역에서

철길도 없고 역사도 없는 아우내장터 역
나는 그 이별 역 철길에 서있다
그냥 서 있는 게 아니라 묶여있다
손을 뒤로 묶이고 발이 들린 채
목에는 밧줄이 걸려있다
일본 군인들을 가득 싣고 러시아로 가는
시커먼 연기 폭폭 흘리며
발악하듯 기적소리 내뱉으며
폭풍열차가 달려와 나를 치고 갔다
흑-하고 태극기 찢어지는 소리 들리고
흩어진 태극기 흰 부분이 피로 염색 된다
단번에 죽지 않은 내 눈동자에
파란 하늘이 들어오고
아버지 어머니가 죽어있는 모습이 보인다
병천 장날이라 북적이는 순대국집들 뒤로
목매달은 개고기를 파는 노점이 썰렁하다
사람들은 내 주검과 피 묻은 철로를
아무 감정도 없이 돌아다니면서
무얼 먹고 무얼 살까 기웃거리는데
붉은 태극기 조각들이 하늘로 날아올랐다

나는 그렇게 떠났다
내가 떠난 자리에 정말로 철길이 놓여지고
천안아산역에서 갈라져 내 이름을 딴 철길로
천안삼거리 목천 성남 수신을 거쳐
바람소리를 내며 북으로 가는 특급열차가
아우내역에 도착하는 날이 있을 것이다
그 열차엔 끔찍한 야욕에 떠밀려 만주로 가는
금수강산을 짓밟고 가는 일본군인 대신
평화통일 꽃다발을 든 어린이들이
천사처럼 날개 달린 옷을 입고 앉아 있다
핏자국들은 어느새 흔적 없이 사라지고
내 모습을 새긴 공원의 조각상 앞에서
몇몇이 마른 눈물에 슬픈 시를 섞고 있다
저들도 아우내장터역에서 행복특급을 타고
그들이 꿈꾸는 세상으로 가기를 소망 한다
의심 많은 이들은 거짓처럼 들리겠지만
나는 아직 아우내장터에 남아 있다

아우내 눈물 섬

수신 쪽에서 보면 초입이고
진천 쪽에선 장터가 끝나는 곳에
동그랗고 작은 섬 하나
건물에 둘러싸인 수줍은 모습으로
비바람 속 쓸쓸히 떠있습니다

언뜻 보면 부슨 섬이냐
유관순 공원 아니냐 하시겠지만
가운데 쯤 들어와 눈감고 보면
어여쁜 섬 하나 허공에 떠서
어영차 파도 소리 들려옵니다

그래도 고함소리 들리지 않으면
사람들이 엉켜있는 조각상에 다가서서
해당화 같은 소녀를 바라보노라면
붉게 무리 지었던 피동백꽃 뭉텅이로
꽃무덤에 수북이 떨어집니다

조금 시간이 지나면
옹기종기 모여드는 섬사람들이
낮달을 잡을 듯이 자리를 펴고
맨 그물 하늘에 촘촘히 뿌려대며
숨 가쁜 뱃노래 들려옵니다

불꽃편지

어둠이 깔리는 사백고지 매봉산
용두리에서 땔감을 지고 오르는 지게꾼들
장작 짚단 관솔과 청솔가지 꺾을 황새낫
꽃샘추위 뼛속을 스미는 삼월 마지막 밤
동네사람 속에 섞여 산길을 걷는 소녀
검은 눈동자 봄 하늘 별빛을 우러른다

자정을 기다려 봉화대에 불붙이고
어둠속 가깝고 먼 산봉우리를 바라보며
가슴 졸이던 서울에서 돌아온 소녀는
그 불꽃편지가 가져올 천둥번개를 기다려
삼일 금식 씻은 영혼으로 기도제사 드릴 때
오오 불꽃이 하늘을 오른다

사방팔방 산들은 거대한 횃불이 되어
목천 천안 진천 안성 연기 청주 여섯 고을을 밝히고
구밋돌 우각산 강단산 백전리 돌산 세성산 갓모봉
은석산 개목산 상봉산 광덕산 화산 덕산 진천의 덕유산
구도산 서림산 동편 약사산 청주방면 수리봉

남쪽의 백석봉 남산 발산 망경대 연기지방 율산
서남쪽 마산 장경리 장산까지 스물네 봉우리
아아 밤하늘을 수놓는 불꽃의 바다여
봉화꾼들 시선 따라 뜨겁게 뭉쳐지는 결의
기필코 정오에 아우내장터로 가리라
저 불꽃 가슴들이 모이는 그곳에 가리라

소녀는 몰랐다 아니 알았다
저 불꽃이 그 무서운 사전 부고장임을
자정에서 정오가지 살아있는 시간이 지나면
피 흘리며 볏짚처럼 땅바닥에 누울 사람들
죽어서 움직임 없는 열아홉 볏 짚단
부상으로 꿈틀대는 서른 개 볏 짚단
그리고 소녀를 옭아맬 죽음의 밧줄을

이미 불꽃은 겨레의 분노로 쏴 올린 포탄
곧 죽음의 길 행진할 동지여
우리 서로에게 고맙다는 말은 하지말자
우리 노부모 처자식 부탁도 하지말자

나라를 빼앗기고 나면 살아도 죽음
어느 날 강가로 떠밀린 물고기를 보리라
내가 죽어 네가 살고
우리가 죽어 조국이 산다면
이 밤 저 불꽃은 우리가 타는 혼 불이어라

소녀는 간절한 사연이 적힌 불꽃편지에
자기를 실어 보냈다
그것은 서곡이 아닌 죽음 자체라서
그날 오후 한시 아우내 만세소리와
이듬해 구월까지 일 년 육 개월 간
감옥에서 일본법정에서 침탈을 꾸짖음과
고문 짐승들에게 끝내 굴복하지 않고
석방 이틀 전 죽은 서대문형무소 시신은
육체의 형식인 혼 체에 불과했기에
지금도 매봉산 중턱 초혼묘엔 아침이슬 대신
당신이 수신인으로 적힌 유관순 불꽃편지가
무정한 그대 옷깃을 스치고 있다

죽음은 노래위에

나는 살아서 늘 죽는다
그러나 죽음은 노래위에

내가 꿈꾸는 세상
아무리 노랫말이 고와도
바라는 것은 오지 않는다
기다린다는 것
내가 죽지 않는 이유
그리움도 노래위에

소녀가 죽어서 누님이 되고
누님은 아아 어여쁜 누님은
눈물처럼 살아있는 노래
아픈 사랑은 치유되지 않는다
다만 바람이 된다

내가 당신을 사랑하는 것
아프기 위하여 또한 죽기위하여
기를 쓰고 부르는 노래

봄이 오는 삼월의 길목
알록달록 태극 깃발 휘날리는
죽음은 그렇게 노래위에

빈 가방

빈 가방 하나 들고 왔지
너를 담아야 하니까

사람들은 빈손으로 돌아가는 것이
욕심 때문이라는 걸 알까

하도 많은 것을 가져가려 하니
손에 마른 바람 부는 거지

평생 살다가 빈손으로 돌아가면
보내신 분이 좋아 하실까

누구든 아무 것도 가져갈 수 없는데
가져갈 수 있는 것이 딱 하나 있지

유관순이 가르쳐준 큰사랑은 물론
영혼까지 바쳐지는 진실한 사랑

아무리 많이 지고 가도 무겁지 않고
보내신 이가 가장 반겨 맞는 선물

너를 담으러 투명 가방 가져왔어
네가 내 마지막 사랑이었으면 해서

아우내 가는 길

한 달이 유수처럼 지나가고
마지막 하루가 삶의 언덕을 오르면
잘 닦아 둔 바람구두 꺼내 신고
손질이 끝난 구름외투 걸쳐 입고
서둘러 아우내장터로 간다

동서울터미널에서 천안행 차표를 사면
내 안에서 퍼덕이는 유랑의 날개
신부동 내장이 보이는 조형물 앞을 서성이다
병천행 시내버스를 탄다
고향 아닌 고향에 돌아온 나그네 되어
성업 중인 순대국 집들을 빠르게 지나쳐
햇빛조차 숨 막히는 아우내 공원에 이르면
찻자릴 펴 놓고 기다리고 있는 누님

다가가 손을 잡는다
손끝으로 전해져오는 뜨거운 체온
아직도 짙게 풍겨오는 선혈의 냄새
동생 왔는가 차 한 잔 드시게

누님은 오래 나를 기다리고 있었는 듯
차는 이미 식어 있고
흘러내린 눈물도 말라 있었는데
누님이 가슴에서 꺼내놓은 태극기 속으로
하루라도 누님 글을 쓰지 않으면
몸살을 앓던 내 연모의 시편들이
빨려들 듯 걸어 들어갔다

병천 장날은 그날 아우내장날은 아니고
장터에 모여 흥청거리는 사람들 기억에서
유. 관. 순 석자 이름도 잊혀 가는데
누님 아직 동상 속에 눈물로 서 있는 것은
나에게 바람구두 구름외투 자주 꺼내 입고
천안터미널 내장을 꺼내놓은 사내를 지나쳐
동생 다시 찾아와 시 한 수 들려주시게
안개 손수건을 흔드시는 작별 인사였다

아우내장터에 있던 사람들

그날 아우내장터에 임금님은 없었다
갑부도 관이 높은 대감도 장수도 없었다
거기엔 맨손으로 만세 부르는 시골사람들과
상기된 얼굴로 앞장 선 소녀와
총칼로 태극기 강물을 찌르는 못된 놈들
남의 나라 쳐들어와서 빼앗는데 이골이 난
목숨마저 해치는 짐승이 있었다

이른 아침부터 가까이는 수신 멀리는 청주
삼천 양민들이 뜨거운 가슴으로 모여들었고
헌병대 지원요청을 받은 헌병부대가
총과 칼 경적으로 무장하고 달려왔는데
이쪽 손에는 흔한 호미나 낫 한 자루 없었다

정오가 지나자 점심도 굶은 이들은
옷 춤에서 주먹밥 대신 태극기를 꺼내 들었고
소녀가 목청껏 대한독립만세를 외치자
도화선이 되어 분노의 활화산을 열었다
태극기 곰봇대로 만세소리를 꽉 채운
눈물의 남포가 연쇄폭발을 일으켰고

왜놈 총구에선 총알이 발사되었다
죽고 넘어져도 그치지 않는 거룩한 행진

유관순 부모인 유중권선생 이소제여사부터
김구응선생 최정철여사 김상헌선생 박병호선생
김상규선생 박영학선생 박유복여사 박준규선생
방치성선생 서병순선생 신을우선생 유중오선생
윤태영선생 윤희천선생 이성하선생 전치관선생
한상필선생 열아홉 동지들은 죽어서
아우내 슬픈 전설의 서곡이 되었고
부상당한 서른 동지들 고난을 건너
유관순의 죽음은 마지막 전설이 되었다
유관순에게 죄지은 사람은 아우내로 오라
양심 있는 일인들도 줄줄이 아우내로 오라
유관순 지킴이들이 보호하는 이곳에서
석고대죄 하듯 간절히 속죄하면
그대도 유관순지기로 인정받는 길이 있나니
이 마지막 기회를 흘려버리지 않기를
민족의 이름으로 그대 부르노라
서러운 눈물가슴으로 그대를 부르노라

비오는 아우내

아우내장터에 비가 내린다
아침부터 시작된 굵은 빗방울로
아우내 장날 자리조차 펴지 못한 사람들
삼삼오오 모여 해장술잔 돌아가고
오늘도 돌아올 기미조차 없는 그 사람
병천 차부에 서성거리는 내 눈동자로
춘삼월 긴긴 해 흔적조차 없이
아우내 아우내로 봄비 내린다

순대 국밥을 좋아하던 그 사람
나 혼자 장터순대국 집 문고리를 못 당겨
모드니에 아파트 앞 공원에 이르면
비를 맞고 서 있는 또 다른 사랑의 여인
내 사랑은 이룰 수 없는 허상 뿐인가
아직도 하늘 손 내리지 못하는 여인은
나에게 기다리라 한다
간곡한 가슴으로 기다리라 한다

비에 젖은 벤치에 몸을 내려놓고
지난 가을 오마고 떠난 사람과
오래 전 눈물로 잡혀간 여인이 그리워
허공을 올려다보면 가슴을 파고드는 빗방울
이곳에서 돌이 되고 조각이 되어도
저쯤에서 손 흔들며 달려오는 그날까지
사랑하며 기다려야지
기다림이 봄비로 내리는 아우내

왜

조금만 생각해 보면
초등학생도 알 수 있는 것들을
나라를 위해 젊음도 목숨도 바친
이 민족의 역사 위에 가장 큰 사람
전장에서 싸우다 죽은 장수보다도
적의 정수리에 폭탄을 던진 의사보다도
부모와 양민들이 죽어가던 현장에서 잡혀
일 년 육 개월 동안 매만 맞다 죽은 소녀
한마디만 꺾으면 살 수 있는데
단 한 번도 비겁하지 않았던 그 사람을
하찮게 생각하는 지식인들
갓 끈 높은 불량들은 왜

조금만 돌이켜보면
삼척동자도 알 수 있는데
모든 나라가 손가락질 하는데도
이웃 나라를 빼앗고 약탈을 일삼다가
맨손에 태극기 한 장 만세 불렀다고
그 어린 소녀에게 항복하라며
어른들이 모여 괴상한 법정놀음에다

보도 듣도 못한 고문을 퍼붓고는
형편없는 시신 돌려보내며 웃었던
짐승족보 일본사람들은 왜

조금만 깊이 생각하면
내 나라를 빼앗은 사람들에게
박수치고 앞잡이 뒷잡이 하면
자손 대대로 부끄러울 텐데
광복 70년을 맞는 지금도
일제의 망상에서 못 깨어나는 사람들
왜놈족보 친일파들은 왜

왜 왜 왜
아직도 잘난 체하며 살고 있을까
아직도 유관순을 비웃으며 살고 있을까
유관순을 개인이 아닌 국가로 보았고
유관순을 하나가 아닌 국민 전체로 보았다면
그래서 유관순에게 그렇게 모질게 굴었다면
왜 왜놈 왜놈 닮은 사람들은
유관순을 끝까지 외롭게 하는 것일까

말찌검

어떤 학자가 말했다
유관순은 친일파가 만든 영웅으로
과장된 사건일 뿐
너무 요란 떨지 말라고

어떤 정치가가 말했다
유관순은 독재정권의 산물이고
국민들의 관심을 돌리기 위한 수단으로
속아 넘어가서는 안 된다고

어떤 종교인은 말했다
유관순만 추앙받는 것은 잘못이고
순국한 분 모두 동급으로
슬픈 역사의 희생자일 뿐이라고

그럴까 그럴까 정말 그러까
아우내장터에 와서 고개 숙이고
꽃 한 송이 묵념 한 번 드리지 않고
자기과시로 유관순을 팽개쳤다면

그는 일본인으로 귀화해야 한다
서울 삼일 만세현장에서 사명 받고
독립선언서 몇 장 품고 돌아와
원근 마을을 다니며 결속하고
몇 날을 지새워 만든 태극기 수천 장
매봉산에서 봉화 올리던 열일곱 소녀는
벌건 대낮 부모님을 잃은 슬픔 속에서도
맨주먹으로 하늘에 울부짖던 절규
감옥 문이 떨어져나가던 대한독립만세
주먹으로 맞아 얼굴이 뒤틀리고
저 어디에도 없는 희대의 10대 고문
발길에 차여 자궁과 방광이 터져서
시체로 감옥 문을 나선 유관순은
법정에서도 한 치 굴하지 않았다
일본이 무슨 권리로 나를 재판하느냐
조국에 바칠 목숨이 하나라서 슬프다
유해도 없이 초혼묘에 다시 갇힌
아우내 가슴 아린 산비알

손찌검 보다 더 무서운 말찌검
하늘이 두렵거든 예서 멈추고
다시 한 번 태극기를 바라보라
자기에게 이익 없으면 말 바꾸고
자기에게 불리하면 나라 욕하고
조국에 조금이라도 위기가 닥치면
언제든 민족을 배신할 준비가 되어있는
현대판 친일파 신세대 매국노들은
대한민국 감옥도 아까운 공적임을
일본 사람만도 못한 파렴치임을
알지 못하고 살아가는 것이 슬플 뿐이다

마음

파란 하늘
한 꺼풀 벗기면
아무런 때가 묻지 않은
하늘 속 하늘

내 마음
한 껍질 벗기면
서릿이 숨겨지지 않은
마음 속 마음

하늘을 우러르듯이
내 마음 들여다보고는
닳아져 가는 진실에
보태지는 눈물

강해져야지
사람과 섞이더라도
유관순 누님처럼
오직 한 길만을 가야지

유관순 식 기다림

기다림이 너무 슬퍼
매일매일 숨죽여 창문을 바라보는
기다리며 살아야 하는 것이 슬퍼

보고픈 사람 찾아오는
곧 저 문을 조용히 두드리는 환상
새가 된다면 창틈을 날아가고
내가 제일 싫어하던 쥐라도 되어
땅속을 뚫고 그대에게 가고픈
그런 기다림이 내게 있음이 슬퍼

기다리지 않으려고
눈물 맺힌 고갤 숙이면서도
오늘은 그 사람 기별이라도 있을까
아무리 기다려도 소용없는 줄 알면서
눈 들어 창밖을 바라보는 고갯짓
생각과 따로 노는 기다림이 싫어

이렇게 보고 싶은 줄 알기나 할까
오지 않으려고 작정한 사람
빨리 잊는 것이 내게 더 필요하고
하루라도 더 괴롭지 않을 텐데
오늘도 내게서 한걸음씩 멀어져가는
미워해야 하는데 거꾸로 그리운
바보 같이 화낼 줄도 모르는 내가 싫어

언젠가 기다림이 끝나는 날이 오겠지만
운명처럼 견딤에 익숙해야 하는
그리움의 마지막 시간들이 너무 슬퍼

눈물 나누기

당신이 누구든 아우내장터에 오시면
눈물 한 방울 나누어 드립니다
따뜻한 눈물 속에는
지금까지 당신이 느껴본 일 없는
향기와 소리 맛이 들어있지요

다른 눈물 섞지 않고 나누어 드리는
영롱한 그 눈물 한 방울은
당신에게 불꽃으로 가서
차가운 가슴을 펄펄 끓이고
깊은 슬픔까지 조각조각 부실거구요

그 신비한 눈물이 당신을 만나면
당신을 오랫동안 귀찮게 쫓아다니던
미움과 저주 절망과 죽음
당신을 친구삼아 함께 살려는
우울가족 고질병도 날아갈 거구요

진주보다 값진 그 눈물은
당신에게서 시작되어 이웃으로
사랑과 희망 빛과 생명을
물결처럼 일렁이듯 전파하고
떠난 사람을 돌아오게 할 거예요

살아 숨 쉬며 백년이나 묵었지만
청청한 빛 아직까지 푸르른
도자기나 금붙이와는 비교할 수 없는
당신을 위해 고이 간직한 눈물
유관순의 완전한 눈물을
영혼 안약으로 눈에 넣어 드릴께요

유관순 달력

달력을 바꿔야겠습니다
아우내장터에서 만세 부른 날이
4월 1일 이라서
나도 그 통곡의 성지에서
그날처럼 가슴속 한을 부르짖으려고
매월 1일을 거사일로 정해 놓았는데
사람들이 휴일이 아니라서 못 온다하니
이를 어쩌면 좋습니까
애가 타서 1일이 휴일인 날을 맞추어 봐도
일 년에 겨우 서너 번 뿐
하여 제대로 만세를 부르려면
달력을 뜯어 고쳐야겠습니다
일 년을 28일로 나눠 1일을 일요일로 하면
사 칠은 이십 팔 딱 맞아떨어져서
날자와 요일이 흔들릴 리 없구요
일 년을 한 달 늘려서 열 세 달로 하면
딱 하루가 남게 되는데 바로 무요일
그날은 뭐 다들 먹고 노는 송년일이지요
계절을 잘 나누면 사계는 변함이 없고

허구 헌 날 오늘이 무슨 요일인지
쌔고 쌘 날 궁금해서 옆 사람 괴롭힐 일도 없고
근로자들은 한 달 봉급 더 타서 얼씨구
수금쟁이들은 수입이 늘어 절씨구
그러다가 한쪽이 기울어져 어긋나면
봉급도 공공요금 과징금도 조정하면 되고
아우내장터 정기 시낭송은
언제나 새달이 시작되는 기분 좋은 휴일
너도나도 병천으로 몰려들어서
독립만세 기념공원은 사람산 사람바다
하늘에서 바라보고 고개 끄덕이며
울다가 웃다가 손 흔드실 유관순 우리 누님
장 구경 시 구경 만세 부르다 출출해지면
맛있는 순대국에 막걸리 한잔 어절씨구
헌데 지금 병천 민속장이 하루 엿새 장인데
장날 날짜를 안 바꿔도 될런지요
새 달력 이름을 유관순 달력이라 할 건데
혹여 이의 있는 분 계신가요

유관순 말씀 속 말씀

현명한 당신은 알 것이다
유관순 누님께서 남기신 말씀이
우리 들으라고 하신 것이 아님을

네 놈들이 무슨 권리로 나를 재판하느냐
조국에 바칠 목숨이 하나인 것이 내 슬픔이다

그 유명한 말씀은 바보라도 알고 있지만
당신이 모를 수도 있는 속 말씀을
흐르는 역사에 실어 전달한다면
당신의 생각이 바뀔 수 있다

만세 몇 번 부른 것을 가지고
부모님도 다 잃은 마당에
성인도 아닌 소녀가 대역죄인 이라고
재판을 하고 형벌을 주는 것은
일인들아 너무 호들갑 떤 것은 아니냐
가족이 잘못하면 한 사람만 처벌하고
소년수는 따로 가정법원에 송치하는
법의 기본 형평도 모르는 무지랭이들아

앳띤 소녀의 만세소리가 뭔 겁이 나서
그 소녀에게서 뭐 나올 여죄가 있다고
때리고 고문하고 죽이고는
장한 일을 했다고 박수치던 사람들아
네 나라 지식인은 그것 밖에 안 되느냐

유관순은 이렇게 말한다
너희들이 정녕 내가 무섭고
양심이 무섭고 하늘이 두려워
나를 죽였다면 용서하지만
내 나라를 우습게 알고
장난삼아 내게 몹쓸 짓을 했다면

내 증오는 백년이 가도 변함없고
내 핏 값은 천년동안
너희 자손의 머리에 둬야한다
그 말씀, 말씀하지 않으신 말씀을
현명한 당신은 정의할 것이다
정말 누구에게 하고 싶은 말씀인지를

오늘을 사는 역사 속 오늘
누님을 누님이라 뜨겁게 부르지 못하는
어떤 부류 사람들은 죽어도 모르겠지만

하늘 손

진달래꽃 어서 피라고 소쩍새 울던
사월 일일 당신은 잡혀갔지요
횃불처럼 타오르던 매봉산 봉화연기
안개처럼 잦아드는 아우내장터 아침
태극기를 흔들며 만세를 부르며
하늘로 깊이 뻗은 두 손 아아 맨손
왜 아직도 내리지 못하고 있나요

만세 만세 대한독립만세

독립이여 어서 오라고 만세 부르던
사월 일일 당신은 잡혀갔지요
일본 헌병 총칼에 피 흘려 돌아가신
부모님 아저씨 다정한 이웃 사람들
그 순한 눈망울 잊을 수 없어
마지막 숨지던 눈물 감옥에서도
하늘 두 손 끝내 내리지 못하셨나요

만세 만세 대한독립만세

대한사람 어서 깨라고 목청 높이던
사월 일일 당신은 잡혀갔지요
열일곱 청춘 사랑이 눈 뜰 무렵
고문에 얼룩져 술빵처럼 부은 얼굴로
조국에 바칠 목숨 하나라서 슬프다던
당신은 수호천사 중 으뜸천사
하늘 속 손끝이 시리진 않으신가요

만세 만세 대한독립만세

큰 뜻 위해 목숨 바쳐 맞서 싸우던
당신은 사월 일일 잡혀갔지요
그 사람들 그때처럼 이 나라 괴롭혀도
님의 영혼 우리들 핏속에 흘러 흘러
이제는 너나없이 팔을 걷고 나설 때
겨레의 누님이여 꽃처럼 웃으소서
우리가 하늘로 손 뻗어 맞잡을 테니까요

만세 만세 대한독립만세

아우내장터에서는

아우내장터에서
아무 냄새도 못 맡으면
코 없는 사람
아무소리도 못 들으면
귀 없는 사람
아무것도 못 느끼면
가슴 없는 사람

늘어봐요
하늘을 뒤 흔들던 만세소리
맡아봐요
그날의 피를 머금은 흙냄새
느껴봐요
입 벌리면 와 닿는 바람의 쓴 맛을

그리고 한번 불러봐요
아우내 아우내 외쳐부르면
아-우네 아-우네 내가 우네
죽어서 눈물이 되었다가
우리 가슴에 그리움으로 살아난 사람
세상에서 가장 예쁜 사람을

목도리

엄마가 뜨게 바늘로 떠주신 털실 목도리
땅바닥에 끌리지 않도록 칭칭 감으며
겨울을 기다리던 유년의 기억이
감옥 바닥에 엎드린 등뼈를 스치는 밤
알록달록 무지개 수놓은 목도리 두르고 싶어
며칠 째 차입되는 영치품을 기다리지만
면회조차 금지된 내게는 사치일지 몰라서
마음 내리고 체념하면서도
혹여 소제부가 내 번호 불러줄까
기다리는 서글픈 심사

그날 아우내장터에서 엄마가 죽지 않으셨다면
어느 숙련공보다 더 빠른 뜨게 바늘이
울 엄마 엄지 검지 사이에서 춤을 출 텐데
서대문 감옥 내 담당도 욕심쟁이 소제부도
날마다 차입되는 수제 목도릴 탐내어
감방 문 앞을 자주 얼쩡거렸을 것이고
정성이면 감천이라 보내주신 오색목도리
이 방 저 방 나누어 주느라 바빴을 겨울

하늘에서 털실 뜨개질 하고 계시다가
내게 못 전해주는 속상함에 울음 터트려
눈물에 가려진 바늘에 손가락 찔리실 엄마

두르고 싶다 두 뼘 폭에 키를 넘는 목도리
그날 태극기에 피 묻은 외침 뿌린 이후
한 번도 목을 쉬지 못하고
감방 문이 부서져라 부르던 만세소리
법정이 내려 안도록 퍼붓던 독립의 소리도
내 목을 어쩌지 못했었는데
엄마의 털실 목도리 두르고 싶은 때부터
목이 붓는다
그리움으로 퉁퉁 목이 붓는다

달의 노래

달을 찾아가자
다섯 개의 달이 뜬다는 경포로 가자
하늘에 동해에 호수에 술잔에 님의 눈에
달이 뜬다 명경 같은 달이 뜬다

달을 찾아가자
다섯 개의 달이 뜬다는 한라로 가자
하늘에 남해에 백록에 마라도에 해녀에
달이 뜬다 뭇 섬 같은 달이 뜬다

달을 찾아가자
다섯 개의 달이 뜬다는 백두로 가자
하늘에 천지에 옛 땅에 북녘에 두만강에
달이 뜬다 깃발 같은 달이 뜬다

달을 찾아가자
다섯 개의 달이 뜬다는 독도로 가자
하늘에 동해에 수비대에 울릉도에 등대에
달이 뜬다 강철 같은 달이 뜬다

달을 찾아가자
수 만개의 달이 뜬다는 아우내로 가자
하늘에 땅에 태극기에 만세소리에
이윽고 우리 가슴 가슴에
핏방울 눈물방울 셀 수 없는
달이 뜬다 누님 같은 달이 뜬다

그림자

그것도 산다고 사는 것이냐
그것도 죽는다고 죽는 것이냐
내게 그런 물음을 던진 당신은
그 물음 자기 자신에게 되돌려야한다

나는 가설이 아니다
나는 실체다
바람이나 구름도 물론 아니다
오뉴월 꼭지마다 불붙이는 땡볕이다
거짓으로 땅을 경작하는 짓
두려움에 하늘을 찢는다거나
비겁으로 짠 집새기는 신지 않는다
염전에서 막 바닷물이 결정된 소금
나는 그 소금을 쓸어 담는 고무래다

나는 혼이다
죽음으로 제 터를 지킨 이들의 얼이다
세상에 머문 날들이 짧아도
내가 부르짖은 독립만세는 영원하다

나는 구속이 아닌 자유다
민주며 민중이다
권력이나 돈의 뒤에 숨어서
갈라진 빨간 혓바닥을 날름거리는 뱀
그러다 어느 날 선량으로 변하는 원숭이
나는 그런 그림자가 아니다

나는 이 밤도 풀잎들의 합창을 듣는
동해바다 수평선 너머 태평양을 그리는
하늘 빛 저고리를 입고 싶어 하는 소녀
이윽고 가을에 먼 길 떠나는 코스모스다

눈사람

난 눈사람이야
굴리면 굴릴수록 불어나는
눈사람
덩치 커지고 이마 넓어질수록
눈물도 더 저수되는 눈사람

나라를 빼앗기고
부모마저 빼앗겼는데도
언제 되찾을지 알 수 없어
찐빵처럼 온 몸이 부풀어 올라
하얀 피로 허우적거리는
눈사람이야

하도 꺼내어 갖고 놀아서
뼈다귀만 남은 추억을
희망이라는 절구질로 찧고
소망이라는 키질로 까불어
갈망이라는 맷돌질 다시 빻으면
하얗게 남은 뼛가루가 뭉쳐진
눈사람이야

멈출 줄 모르는 눈물이 난다
풍신수길의 나라에서 온 사람들은
하나 같이 능숙한 고문 기술자
사람 피를 말리려고 기른 악마들
뱀눈 지네 눈 쥐 눈 거머리 눈
내 목을 물고 심장을 핥으면
눈사람 피는 흰 눈물이 된다

눈사람으로는 하늘에 갈 수 없어
눈물로 나를 티끌 없이 녹이면
이 나라 이 강산에 봄이 오는 날
구름을 만나고 바람을 따라
빗물로 다시 내려올거야
산 강 바다에 골고루 뿌려질거야

창살 밖에 눈 내리고

하나의 사랑만을 찾아 떠나는 오늘
몸은 막아도 마음은 못 막는 창살 밖으로
만져볼 수 없는 눈이 내린다
겨우 올려놓은 새벽 체온이
저 눈 속을 통과하면 빙점으로 떨어져
길가에 누운 까치가 될지도 몰라
이렇게 겨울나라만 계속된다면
봄이 오지 않는 동토에 태어났다면

사랑 너머 사랑
세상 너머 세상을 보고 싶다

내 손가락 얼음이 되어도
그대 체온처럼 까실거릴 것 같은
눈 속에 손을 넣어보고 싶다
차가운 내 몸의 온도라도
그대 추운 겨울을 녹여주고 싶다

빈 하늘 넘어 꽉 찬 하늘
사람들이 모여 사는 세상에 가고 싶다
저렇게 창살밖에 눈 내리면
창살에 찔려가면서라도
차라리 흰 눈 속에 갇히고 싶다
누구도 나를 꺼내줄 수 없어
나 울부짖으며 매달림으로
그대 마음 아프게 하지 않고
눈 녹는 길로 조용히 떠나고 싶다

4월의 유관순 - 가슴을 열면

가슴은 어떻게 여는 것일까
강물은
그리고 하늘은

추운 땅도 가슴으로 데울 수 있을까
사월 초하루 아침이 열리고
맨손으로 태극기로 만세소리로
아우내장터가 열리고
총칼로 피로 통곡 같은 눈물로
죽음이 열리던 그날은
시린 조국의 심장에 온기는 돌았을까

그날은 아무도 상품을 팔지 않았다
삶을 던지고 미래를 던지고
조국의 하늘에 목숨 던지는 일에 열중했다

그날은 아무도 물건을 사지 않았다
피를 나누고 함성을 나누고
겨레의 가슴에 사랑을 나누는 일에 전념했다

더 중요한 일은 없었다
가슴을 여는 것
4월의 가슴을 열어젖히는 것 밖에는

5월의 유관순 - 봄 편지

내 고향 지령리 봄 아가씨 보낸 편지
고향 내음 봄내음 온 몸에 퍼져 와서
눈물에 녹아내린 편지엔
나물바구니 하나 내 손에 들려있다

지금쯤 울안 가득 두릅이 한창이어서
살짝 데쳐 초고추장에 버무린 한낮
앞산 뒷산 짙은 향기에 지천인 취나물을
소금물에 삶아 햇볕에 말리면 묵나물
바람결에 살그머니 올라온 더덕 순
잔데 도라지 함께 캐어 숯불에 굽고

원추리는 이미 대궁이 쇠었을 거야
은초롱 꽃 둥굴레 어린 순도 나물이고
냇가 안쪽 무더기로 자랐을 돌미나리
장독대 뒤엔 키 크고 잎 넓은 머위 순
텃밭 가장자리 녹색 다발 돌나물들
대밭에는 튼실한 죽순도 움 텄을 거야

그 맛있는 봄나물을 멀리 두고
시방 내 식탁은 너무 조촐하다
감옥엔 한 점 봄빛도 들지 않은 채
소금에 절인 단무지만 혀끝에 겉돈다

6월의 유관순-장미의 계절

장미꽃 피어나면 사랑이 피어나지
죽도록 장미가 피고 피는 유월은
아무리 숨겨도 꽃 가슴 부푸는 계절
그 이름처럼 외쳐 부른 노래있었지
백장미 피가 몽땅 빠진 꽃
흑장미 시커멓게 속이 탄 꽃
그리고 붉은 장미 아아 붉은 장미는
핏물 흥건한 꽃 진한 피 꽃

장미꽃 피어나면 눈물도 피어나지
아우내장터에서 밧줄 묶여 끌려온
우리 누나 고운 누나
어머니 아버지 총탄 맞고 죽은
가슴줄기 슬픈 알 밴 사월도 지나고
징역살이 망치소리 울리는 법정가득
천사들 노랗게 질린 얼굴로 뿌려대던
유월이 오면 목숨 걸고 피어나는 꽃

장미꽃 피어나면 이별도 피어나지
하얀 교복 함께 다려입던 친구들도
병천 하늘 뒤흔들며 만세 부르던 사람들도
은하수 강가 저쪽 언덕에 남겨 놓고
손 흔들며 손 흔들며 혼자서 가는 길
그 길가에 죽도록 피어나던 유월 꽃을
유관순 꽃이라고 한번만 불러도 되는지요

7월의 유관순 - 가슴가득 태양이

칠월은 태양이 가슴으로 들어오는 계절
왜 이렇게 마음이 아플까
님을 아주 빼앗겨
돌아올 수 없는 것일까
금방이라도 내 이름 부르며
달빛조차 숨죽인 감옥으로
이글거리는 태양 한 바소쿠리 밀어 넣고
내가 믿던 님의 하늘
그렇게 보고 싶은 녹음 같은 사람
손 흔들며 찾아오진 않을까

칠월의 태양은 가슴가득 밀려드는데
옷을 입어도 추운 나만의 겨울
칠월에도 하얀 크리스마스 올 수 있는가
꼭 온다고 하고 오지 않는 것이
사람들의 약속인 줄 알지만
아아 광복아 너마저 먹구름에 잡혀 있느냐

창살사이로 보이는 나뭇잎이
나처럼 맞아서 푸른 멍든 게 아니라면
저 잎사귀에 반짝이는 신선한 광채가
스치는 햇빛에 빛나는 눈물이 아니라면
내가 자유를 찾음과 상관없이
독립이여 7월의 태양처럼 가슴으로 오너라

8월의 유관순 - 여름방학

올 여름엔 꼭 부모님 형제들과 함께
홍성이나 당진 바닷가에 가보고 싶었는데
맛조개 바지락 잠깐 캐도 한 아름
조세로 찍어 모은 어리굴 한 보시기
내 나라 바다도 빼앗겨 버린 채
누가 내 여름 피서지를 감옥으로 정했는가

작년 같으면 이화학당 서울친구들
조잘대는 새떼처럼 함께 내려와
옥수수 한 솥 삶고 감자 한 솥 찌고
매봉산 올라 소나무 참나무 그늘에서
청춘의 꿈들을 아우내 냇물에 띄웠을 텐데
매 맞은 자리만 퍼렇게 물드는 여름

참으로 독한 사람들이다
생김부터 밥맛없이 생긴 사람들이
왜 그리 말투도 지저분하고 더럽고
까치독사눈에 거미 더듬이 촉수
교양이나 예절은 태어날 때부터 없었는 듯
싹쓸어 지옥에 보내도 시원찮을 사람들

이 모든 게 내 잘못이다
그날 아우내장터에서 돌아가신 부모님
나도 총칼에 찔려 죽었더라면
이렇게 모진 고문 시달리지 않고
천상에서 꽃밭을 함께 거닐고 있을 텐데
지상지옥 여름방학은 너무나 길다

9월의 유관순 - 눈 뜨는 법

검은 옷 입은 판관들아
긴 칼 찬 녹색 제복들아
회색 옷차림 초라한 나와
오늘은 분노를 겨루는 날

내가 만세 몇 번 불렀다고
내가 감방 문 몇 번 걸어찼다고
나를 엄벌할 명분을 찾아서
속 좁은 분노의 족쇄를 당기지만

부르고 싶었던 이름 부르며
흔들고 싶었던 깃발 흔들며
아우내장터 흙먼지를 뒤집어쓰던 나에게
총칼에 쓰러져가는 마구 쓰러져가는
어버이들의 피를 또 뒤집어쓰던 나에게
분노는 당연하지 않았겠느냐

재판해서는 안 되는 나에게
억지 판결이 내려지는 구월엔
호랭이 눈 뜨기
독사모가지 쳐들기
허리 부러지게 곧추세우기
귀도 양심도 막힌 침략의 시녀들에게
고함지르기 악쓰기 막말하기
그러고 싶어도
그래야 응어리가 풀릴 것 같아도
꾹 참고 점잖게 꾸중하는 것은
나처럼 어린 소녀의 올바름을
너희 족속은 어른조차 흉내 내지 못할
대한의 마음

그렇다고 나의 절대분노가
한 뼘이라도 줄어들겠느냐
내가 죽음 그 낮은 자리에 있더라도
이제사 눈 뜨는 법을 배운 나를
죄수처럼 부르지 말라

10월의 유관순 - 별의 이름

그리운 사람
북극성 샛별 거문고자리
별의 이름 부르듯
당신 이름 부르는 것은
가장 깊은 그리움이
가장 높은 기도이기 때문입니다

요즘 사람들의 세상에선
뜀박질만 잘하고 공만 잘 차도
노랠 잘 부르거나 춤을 잘 춰도
별이라고 큰 별이라고 부르는데
세상에 당신은 하나뿐이기에
별의 이름을 붙이려고
당신이 머무르다 떠난 자리를
떠나지 못하고 바람꽃처럼 남아서
별을 찾아보고 있습니다

여기 아우내장터에서
지름길로 떠 있는 별일 텐데
아직도 못 읽는 당신의 마음인지
바보 같은 나의 무지인지
당신별을 알아내지 못한 채
오늘도 그 날을 되짚고 있습니다

태극기 흔들며 오는 당신이
만세 부르며 오는 당신이
뭇별들이 잠든 대낮에도
초롱초롱 하늘을 빛내다가
이윽고 우리 냉냉한 가슴에서
유관순 별로 뜨는 날까지
조각상처럼 끝내 남아있겠습니다

11월의 유관순 – 깊은 고독

아직은 더 고독 해야겠습니다
누군가에게 나를 온전히 드려야 하는데
아픔과 슬픔은 차고 넘치지만
나를 태울 절대고독이 준비되지 않아서
땅에서 하늘까지 길이만 재고 있네요

이별의 날이 오겠지요
사랑에게서 멀어진다는 것
사랑하는 사람과 헤어지는 것이
죽음보다 더 깊은 고독이라면

내가 꿈꾸지 않던 마지막 고통
어두운 토굴 속 새우젓처럼
짜디 짠 운명에 절여지면
아파도 아픈 기색 없이
슬퍼도 슬픈 기색 없이
나를 지켜낼 수 있을 것 같아
고독하려면 기왕 고독하려면
대낮에도 별 인양 독립이 보이고
생시에도 헛것인양 광복이 보일만큼
야무지게 고독 해야겠습니다

12월의 유관순 - 겨울나비

한 장 남은 달력이 한 해 무게로 짓누르면
빛바랜 종이도 철판만큼 무거울 수 있구나
누구나 세모에 기대서면 돌아보는데
다른 이들은 지나온 자기의 무엇을 볼까
나처럼 아픈 한 해를 살아온 사람 있을까

정월엔 꿈 많은 유학생 소녀였고
3월엔 애국심 불타는 횃불소녀 이었다가
4월엔 아우내장터 만세소녀 되었는데
5월엔 일인에게 악질소녀로 낙인 찍혀
6월엔 고문 타작마당 콩 껍질소녀 되었지

한 해 동안 너무 많은 변화를 겪고
내 생에 돌아오지 않을 마지막 12월
결코 잘못 꼬인 것은 아닌 듯한데
이건 내가 원하는 세모가 아니었어
올 내내 만세 부르며 살아온 날들아

다시는 겨울을 못보고 떠나겠지만
누군가 나 대신 만세를 불러주길 원해
나처럼 바보 같이 잡혀 죽지 말고
독립의 그날까지 만세소리 들려오기를
난 겨울나비로 흰 눈 위를 날을거야

1월의 유관순 - 외로움도 쪼개지는가

바람만 불어도 외로웠다
햇빛만 밝아도 외로웠다
비척걸음에도
질질 끌려 다니는 외로움

새해가 돌아 왔어도
어두운 감옥까지 찾아올 수 없어
창살에 걸려 있는 묵은 새해
이별도 굳히기에 들어가면
숨 막혀 퍼덕이다 얼음이 되는가

희망이 떠난 자리는 절망이 자리 잡고
뼛속까지 스며드는 아픔에
외로움이 도끼질을 하고 있다
가닥가닥 쪼개진 외로움 사이로
누룩처럼 괴어버린 피부를 뚫는
종기 두드러기 다래끼 못된 것들

광복이 보이지 않는 동토에
흩어진 조국의 영혼은
소한 대한 추위에도 동면하지 않는
독사의 독에 심장까지 굳어져
님은 정녕 돌아오지 못하는 것일까

봄이 오면 아니 봄은 올 텐데
고황에 든 나의 외로움에도
저 생명의 늪에서 우화하는 나비처럼
님을 향한 날개 짓 지치지 않을 수 있을까

2월의 유관순-구원자

사랑은 하늘에서 내려오고
구원은 땅에서 이루어진다며
감방 차가운 얼음벽에
피 묻은 손톱으로 그린 십자가
무릎 꿇고 맞잡은 언 손위에
매봉교회 마지막 예배를 위해 울리던
구원의 종소리 들려옵니다

바로의 병거를 피해 홍해를 갈랐던 모세나
가나안을 진격 요단강물을 끊었던 여호수아
여리고를 넘고 아이성을 뒤엎는 전사처럼
강하고 담대하라
침략자 일본에게 져서는 안된다
주님 목소리 들려옵니다

이월의 추위가 누더기 이불을 뚫고
뼛속으로 파고드는 독방에서
주님이 입혀주신 전신갑주 아니면
하루도 살아있기 힘든 겨울나기
정말 구원이 있는가요
잡혀온 지 8개월 더욱 심해지는 고문

이 나라 독립의 도구로 써 주소서
내 젊음도 목숨도 주님의 것
주님께서 대적자에게 굴하지 않고
십자가에서 피 흘리고 돌아가셨듯이
아아 마침내 부활의 첫 열매가 되셨듯이
반드시 의인에게 구원이 있으리라
주님 사랑 포근히 덮여옵니다

3월의 유관순 - 탑골공원에 가고 싶다

가슴이 뛰고 눈물 샘솟던
감동의 현장에 가고 싶다
짧은 내 생애였지만
한꺼번에 백년을 살아버린
탑골공원에 가고 싶다
지금은 내가 있는 곳이 탑골공원
훌륭한 민족대표는 아니지만
옆 방 죄수들을 다 깨워
감옥이 떠나갈 듯 만세 부르고
늘씬하게 두들겨 맞고 돌아왔는데
그것도 모자라 중형을 언도한 일인들
이제 내 목숨은 얼마나 남았을까
살고 죽는 것이 그리 큰일이면
빼앗긴 조국은 언제 돌아오는 걸까
정갈한 두루마기에 사자후를 토하며
독립선언서를 낭독하던 선생님 모습
다시 만나 그 품에 안기고 싶다
그분들의 품속이 조국의 품속
두려움도 아픔도 없는 하늘의 품속

내일은 더 크게 만세를 불러야겠다
3월 하늘 무너져 내리고
봄 대지가 함성지진으로 꺼지고
감옥 문이 터지도록 만세를 불러야겠다

다시 4월의 유관순 - 당신의 4월은

우리의 4월은 붉은 바람
그리고 꽃바람
당신의 4월도 붉은 바람
그러나 피바람

엘리어트의 4월은 잔인한 달
그러나 황무지에서 새싹이 솟고
생명으로 물줄기 뻗어 오르는데
유관순의 4월은 무서운 달
그리고 황토를 짓밟는 발자국
죽음으로 숨 막히는 목마름인데

적들은 온 땅을 둘러싸고
길이란 길은 빈틈없이 틀어 막히고 말면
작년 이맘 때 목 놓아 만세 부르던
아우내장터에 가고 싶어서
4월 빗장을 여는 햇살을 부여잡지만
첫 키스를 받은 여인의 입술 같은
촉촉한 봄밤은 자취조차 없어지고
발등을 파먹는 들쥐 떼들의 축제

목련이 피어나도 4월의 강에서는
피리를 불지 말아다오
한 해 동안 감옥에서 쓴 편지들
눈물로 봉한 청춘 날의 엽서는
하늘에도 땅에도 사람에게도
끝내 부쳐지지 못한 채
당신을 인형의 집에 가두었구나

우리의 4월은 붉은 산
그리고 꽃 산
당신의 4월도 붉은 산
그러나 맨 무덤

다시 5월의 유관순 - 새벽

새벽은 나의 것
간수들도 잠들고
나를 엿보던 각시손들도
무릎 사이로 머리를 처박은 시간
고문에 지쳐 쓰러진 마룻바닥에서
샛별처럼 깨어나는 내 영혼

새벽은 나만의 것
아무에게도 빼앗기지 않고
어떤 일에도 내어주지 않아도 되는
고요와 자비 그리고 은총
죽음에서조차 자유로운 새벽은
언젠가 내가 조용히 떠나고픈
하루 속의 진주

새벽은 나를 위한 것
나에게 하루는 새벽밖에 없어
아침이 오면 시작되는 고통
어두운 통로마다 달리는 고문열차

문마다 부서지는 지옥의 신음소리
더욱 괴로운 식사시간이여
밥상의 즐거움은 잊은 지 오래인데
새벽은 비어있는 오장육부로
행복이 차오르는 최후의 시간

이제 새벽은 나와 그대의 것
그대에게 드릴 것이 있다면
하나 뿐인 목숨과
평안이 깃든 새벽
그대와 내가 아무런 걸림돌 없이
가슴으로 만나는 오월 새벽은
육신을 벗고 영혼을 입는
떠남을 위한 진실한 해후

다시 6월의 유관순 – 내 생에 만난 것들

내 생에 만난 사람들이
다 빛이었구나
내 생에 만난 모든 것들이
열아홉 번 나를 찾아온 유월처럼
다 푸르름이었구나
그래서 난 노랠 부르고
가끔씩 시를 읽곤 했지

내 곁에 아무도 없다는 몸부림으로
한 밤을 뜬눈으로 지새운 날
내가 바보 같이 소스라치게 놀란 것은
모두들 내 곁에 있었는데
사랑도 눈물도 이별도
아 죽음까지도
늘 내 가까이 있었는데
그 푸르름 짙은 유월
나를 남겨둔 채 모두 떠났다는
엄청난 착각이
이젠 내 삶의 마지막 날까지
다시는 생각나지 않기를 소망해

그래서 유월이
다시는 돌아오지 않더라도
모든 것을 사랑 하겠어
아무 것도 빼놓지 않고
몽땅 그리워 하겠어

다시 7월의 유관순 - 절망을 넘어서

절망을 넘는다고 다 사는 건 아니다
다만 당당해질 뿐이다

죽음을 피하려면 굴복해야 하는데
평생 하늘을 우러르지 못할 것이고

이 병든 몸으로 여기까지 와서
조국의 이름을 더럽힐 수 있겠느냐

조금만 인내하며 견디면
영원한 하늘 삶이 기다리고 있는데

희망이 없다고 절망해서는 안 될 일이다
절망과 희망은 별개의 것이라서

절망으로 나를 약하게 하지 말자
내가 떠나도 7월 녹음은 빛나리니

다시 8월의 유관순 – 녹음과 단풍사이

녹음은 푸르러 멋지고
단풍은 병들어 멋없다 할 수 있는가
소나기는 필요하고
폭설은 안 된다고 할 수 있는가

나만 옳고 너는 그르고
나는 목숨 바친 애국자요
너는 비겁한 도망자라 할 수 있는가

여름엔 녹음 가을엔 단풍이듯이
봄에는 씨앗 겨울엔 양식이듯이

나의 입장에서 내가 할 일이 있고
너의 자리에서 네가 할 일 하여서
나처럼 왜놈들에게 수모당하지 말고
나라를 위해 끝까지 싸워달라는 것이다

나는 어차피 길어야 한두 달
단막극 인생 막을 내려야 하기에
죽어야 할 때는 죽어야 하겠지만
고귀한 목숨 돌보아가며
조국을 야만인의 손에서 지켜달라고
이 땅 모든 이들에게 애원하는 것이다

다시 구월의 유관순 - 월요일 밤에

이 밤 월요일 밤이 지나면
내 눈이 어두워질 화요일
인왕산 산마루 단풍 붉은 새벽
서대문 형무소 차가운 마룻바닥에
열여덟 일기장을 덮고
더 이상 삶에 중독되지 않도록
더 이상 사랑에 목마르지 않도록
나는 살그머니 떠나요

일천구백 이십년 구월 이십칠일 오늘은
작년 사월 일일 아우내의 전야처럼
매봉산 봉화 오르던 월요일
그날 밤 하늘은 맑고 푸르렀듯이
삶에서 죽음으로 가는 징검다리
하늘 길 오르기 위한 사닥다리가
내 인생 마지막 구비에서
빛이 되어 내려오기를 기다리는 시각

열 가지도 넘는 흉측한 고문들
머리 가죽 벗기기
코와 귀를 연필 깎듯 돌려 깎기
목구멍에 깔때기 넣고 오물 쏟아 붓기
작은 상자에 끼워 넣고 깔고 앉기
손톱 뽑기 발톱빼기 관절꺾기
난 누구를 해치지도 죽이지도 않은
겨우 열여덟 꿈 많은 소녀

내 마지막 사인으로 밝혀질
파열된 방광과 내장에서
지독한 아픔이 진저리쳐 올 때마다
삼년 형 중형을 언도받은 징역살이
절반으로 감형되던 출옥의 희망으로
이화학당 친구들 만날 생각에 부풀었는데
이젠 그것도 독방에 엎질러야 겠네요

깃발은 휘날려야 하는 것이라고
땅에 눕는 깃발이 어디 있느냐고
당신은 의아해할지 모르지만
나의 시린 주검 위에 깃발이 덮이고
전혀 휘날리지 않아서
바람에 울지 않는 깃발이듯이
나 울지 않고 떠날 수 있는 화요일

화요일에 죽는 나에게
월요일 밤이 중요한 것 같아도
그냥 삶의 하룻밤
당신도 너무 매달리지만 말고
버릴 것은 버리고
놓을 것은 놓아요
죽음은 이기기 위한 진검승부가 아닌
운명처럼 받아들이는 한 줌 바람이지요

소리극 유관순-하늘나비

겨레시인 **성재경**

첫째마당-봉화마당

(사설-해설자)
나라를 잃어 꿈을 잃어버린 사람들이 산을 오르고 있다
밤은 깊고 길은 어두운데 나라를 빼앗겨 논밭도 곡식도 빼앗기고 빈껍데기만 남은 시골사람들 일본에게 소작민 된 지령리 사람들이 매봉산을 오르고 있다
손에는 성냥 낫 짚단 건초 한 다발씩 들고 비분한 마음으로 오르는 동네사람 속에 매화꽃 앳된 얼굴 서울에서 내려온 유관순이 보인다
이화학당에 유학 가서 잘 배우고 좋은 신랑 만나서 금의환향 하랬더니 병천의 딸아 천안의 딸아 아니 아니 대한의 딸이 되어 왔느냐
오늘따라 사백고지 산길이 너무 멀구나
평소 같으면 몇 발자국 걸으면 다다를 산꼭대긴데 오늘은 하늘마루처럼 멀기만 하구나

(소리-지령리 사람들의 노래)
어서어서 서둘러 불을 지펴라
짚단 건초 불 놓고 청솔가지 꺾어 넣고 불을 지펴라
밤하늘 가득 별들도 놀랄 만큼 봉화를 올리자
땅은 빼앗겼어도 하늘은 빼앗기지 말아야지
오늘 밤은 하늘을 찾으러 간다
내일은 땅을 찾으러 간다
얼마나 많은 사람들이 이 땅에 태어났느냐
얼마나 많은 사람들이 이 땅에서 죽어갔느냐
아무리 총칼로 말굽으로 짓밟아도 저기 밭두렁에
솟아나 하얀 꽃 피는 민들레처럼 우리가 지키자
우리가 다시 되찾자
오천년을 누려온 민들레 영토 대대로 살아온
삼천리강산
불꽃은 태극문양 깃발이 되고 연기는 우리가슴
한숨이 되어
이 나라 이 땅 독립을 깨우자
잠든 사람들아 일어나라 불꽃 보고 일어나라

(사설-해설자)
불꽃이 오른다 봉화가 오른다
음력으로 2월 그믐날 양력으론 삼월 끝날 매봉산
봉화를 시작으로 사방팔방 봉화가 오른다

가까운 앞산부터 먼 산 더 먼 산 산봉우리는 거대한
횃불이 되어 목천 천안 진천 안성 연기 청주 여섯
고을 스물 네 봉우리를 밝히고 충청도 하늘이
벌겋게 타오른다
저것이다 옛 조상들의 슬기가 빚어낸 불의 바다
유관순과 아버지 삼촌을 비롯한 동네 사람들
얼굴에는 안도의 미소가 스쳐가고 한 발짝 더
죽음에 다가섬을 느낀다
저 불꽃은 예사 불꽃이 아니다
이 밤이 지나면 찾아올지도 모르는 우리들 삶을
마감하는 시전 부고장이요 초상집 대문에 걸려
있는 누런 등불이다

(소리-유관순의 노래)
이 밤은 이별의 밤 다시는 못 볼 작별의 밤
바람은 어디서 불어와서 어디로 불어가는가
이승에서 하늘로 불어가는 돌개바람아 불어라
하늘 위의 하늘, 사랑 너머 사랑을 보고 싶다
잘 계시오 잘 계시오 친척님네 잘 계시오
잘 있어요 잘 있어요 동무님네 잘 있어요
이 밤이 지나면 나는 어디로 날려갈지 모른다오
내 가는 길에 잉걸불일랑 놓지마오
한라에서 백두까지 횃불 들고 가오리다

해 뜨는 동해, 햇살 머무는 남해, 해 지는 서해까지
눈물 없이 가오리다 사랑 안고 가오리다

(사설-해설자)
서울에서 유관순은 집을 나섰다
이화학당 기숙사를 빠져나와 종로거리를 걸어서
탑골공원에 이르러
눈시울 가득 태극기를 보았다
가슴이 요동치고 정신마저 아득한 독립선언서
만세소리를 들었다
우렛소리야 천둥소리야 심장이 울렁이는 다듬이소리
저 것이구나 바로 저것이 내가 가야할 길이구나
고향으로 돌아온 유관순은 집을 나섰다
서울에서 가져온 독립선언서를 옷 속 깊이 품고
병천 수신 목천
이웃마을을 거쳐서 천안삼거리를 오르내렸다
다행히도 일본 순사들은 여고생의 품속에 그런
엄청난 비밀문서가
숨 쉬고 있다는 사실을 상상도 못 했기에 검문
한번 받지 않았다
천지가 내 세상이다 출입이 자유로운 내 세상이다
배꽃처럼 웃으면서도 나라를 생각하면 가슴이
따끔거렸다

여기 암행어사 박문수 마패 같은 증표가 있어요
아우내장터로 모입시다 봉화를 올려 알립시다
애 끓는 소리야 몸살 소리야 어처구니 돌아가는 맷돌소리
이 것이구나 바로 이것이 내가 가야할 길이구나

(소리-봉화꾼들의 노래)
어허이 어허허이 영혼을 달구는 해맞이를 하자
우리 삶에서 마지막 찬란한 해맞이를 하자
해가 뜬다 기어이 운명의 해가 뜬다
민족의 얼이 서린 하늘 길로 태극기가 떠오른다
보아라 지금 우리 눈앞에서 저 붉은 태양이
우리가 지켜야할 조국의 미래를 밝히고
우리들 뜨거운 가슴으로 해가 뜬다
활활 타오르는 민족의 하늘 봉화여
영원히 꺼지지 않는 겨레의 혼불이 되어
하늘과 땅을 이어주는 평화의 천사
태극기속 환하게 웃는 얼굴
유관순이 힘차게 솟아오른다

(사설-해설자)
한잠도 못 자고 새벽을 맞은 봉화꾼들
이번 거사를 위해서 학교에서 교회에서 배운
대로 삼일 금식하고
나라를 위해 독립을 위해 기도하던 유관순
배고픔도 잊고 새들도 깨어나지 않은 새벽하늘을
우러른다
잘 할 수 있을까 운명이여 정말 잘 할 수 있을까
무슨 일이 일어날지도 모른다 잡혀 갈지도 모른다
그래도 울부짖는 조국을 그냥 지켜볼 수만은 없다
기필코 정오에 아우내장터로 가리라
저 불꽃 가슴들이 모이는 그곳에 가리라
곧 죽음의 길 함께 행진할 동지여
우리 서로에게 고맙다는 말은 하지말자
우리 노부모 처자식 부탁도 하지 말자
우리가 살아 숨 쉬는 순간은 나라만 생각하자
나라를 빼앗기고 나면 살아도 죽음
내가 죽어 네가 산다면
우리가 죽어 조국이 산다면
우리 살아온 삶의 날들 이곳에 남겨놓고
우리 기꺼이 손잡고 아우내장터로 가리라

둘째마당-장터마당

사설(해설자)
아침부터 사람들이 모여들었다
젊은이 부녀자 노인들까지 시나브로 모여들었다
흰 옷에 짚새기 고무신 비단신 가죽신 신고 사부작 사부작
아우내장터로 모여들었다
채소전 어물전 싸전 고추전 골목에도 기웃기웃
푸줏간 순대집 국수집 장터국밥 앞에도 수군수군
옷가게 잡화상 수선집 방앗간 쪽에도 웅성웅성
점심때가 되어도 낮술에 요기하는 사람은 없었고
희한하게도 물건을 파는 사람이나 사는 사람
아예 5일장을 구경나온 구경꾼도 없었다
어젯밤 산마다 피워 올린 봉화 연기 따라서 모여든 사람들
가까운 마을부터 멀리는 청주 연기 진천에서 온 사람들
새벽부터 먼 길을 터벅 걸음 걸어서 도착한 사람들
얼굴에 비장한 굵은 핏줄이 툭툭 불거졌다

(소리-장돌뱅이들의 노래)
얼래얼래 뭔 일인가 설레설레 왠 일인가
동네방네 모인다 여기저기 모인다
벼락 같이 모인다 주먹 쥐고 모인다
무엇인가 홀린 것처럼 뼛중다리로 모인다
무엇하러 모였나 할 일 없어 모였나
악단 구경 오셨나 써커스 구경 오셨나
얼래얼래 이천명 설레설레 삼천명
구름처럼 모였다 매봉산 덩치 만하게 모였다
에라 모르겠다 보따리 걷고 따라가 보자
설렁설렁 뒤 따라가 보자 덮어놓고 따라가 보자
무슨 일이 있을 것만 같다 큰 일이 터질 것만 같다
나라 빼앗긴 뒤부터 옛날만큼 장사도 안 되는데
어디 어디 수지맞을 일이 있었으면 좋겠다
발 쭉 뻗고 사는 날이 왔으면 좋겠다

(사설-해설자)
정오가 지나자 사방천지에서 모여든 사람들에게
주먹밥 대신
유관순과 형제들 매봉감리교회 성도들 마을 사람들이
오래전부터 그래서 만든 색깔도 모양도 엉성한
태극기를
나누어 주기 시작했고 하나 둘 씩 바람에 날리기
시작했다

마침내 태극기의 강물이 넘쳐났고 깃발의 파도가 일렁거렸다
서울에서 내려온 열여덟 살 소녀 백칠십 센티에 가까운 헌칠한
소녀, 보통 여인보다는 이마 하나가 더 솟은 소녀가 까치발로 앞장을 섰다
아아 유관순이다 한 손엔 태극기 한 손은 맨손
하늘을 향해 외쳤다 목청이 터져나가도록 외쳤다
대한독립만세 만세 만세 대한독립만세
만세 소리에 땅이 지진 나듯 흔들렸고 만세소리에 하늘이 숭숭
구멍이 뚫리고 폭폭 주름이 패였다
깜짝 놀라서 출동한 일본헌병대와 비상연락을 받고 천안에서
달려온 군인과 순사들이 총검을 빼들었다
아우내장터 태양도 점점 벌겋게 달아오르고 군중들도 후끈 달아올라서
위대한 행진이 시작 되었다
뜨거운 가슴들 북 받히는 슬픈 함성이 삼천리
무궁화 강산에 메아리치는 죽음의 행진

(소리-헌병대의 노래)
조선 사람들아 이러지 마라 시골 사람들아 어서 흩어져라
이곳엔 높은 대감도 장군도 안 보이는데 무지렁이들아 돌아가라
우리가 조선을 잘 살게 하려고 왔노라 조선과 일본은 이제 한나라
온 길로 다시 돌아가 농사짓고 장사하고 조용히 살아라
너희들은 폭도다 무기를 안 들었다고 말하지 마라
낫이나 쇠스랑 삽만이 무기가 아니고 손에 들린 태극기가 흉기다
세상에서 유례없는 비폭력 무저항 맨손의 전투라 말하지 마라
너희들의 깃발은 창칼이 되고 너희들의 주먹은 바위덩어리 되어
조선민족을 깨우는 조선의 정신을 일으키는 핵폭탄이다
목숨이 아깝지 않느냐 죽음이 두렵지 않느냐
총을 쏘고 칼로 찌를 것이다 아우내에 핏물이 흐를 것이다
일본의 총칼이 조선의 맨손과 태극기를 산산이 찢을 것이다

(사설-해설자)
총이 발사되었고 대검이 사람들을 찌르기 시작했다
인간으로서는 차마 할 수 없는 짐승들의 만행이
이어졌다
여기 저기 흰옷 입은 사람들이 핏물에 젖어가고
태양도 빛을 잃었다
하나님이 보우하사 우리나라 만세 아 하나님은
어디 계시나요
내 나라 내 땅에 모여서 만세 부르는 것이 무슨
잘못인가요
그것이 이렇게 처참하게 죽어야 하는 죽을 짓인가요
유관순 아버지 어머니를 비롯해 짚단처럼 넘어진
열아홉 동지들
아직 피 흘리며 꿈틀거리고 있는 서른 동지들이여
이 세상 그 누구보다도 유명한 이름을 부르노라
가장 슬픈 이름을 부르노라

(소리-유관순의 노래)
우리 부모님 살려내라 우리 동지들 물어내라
돌아가라 돌아가라 네 나라로 돌아가라
불쌍타 울 아버지 서럽다 울 엄마
효도 한번 못하고 잔치 한번 못 해드리고 왜놈 총에
맞고 왜놈

칼에 찔려 이리 쉬이 떠나가니 적막한 세상 고아가
되었구나
이 놈들아 이 무정한 놈들아 나도 어서 죽여다오
노제도 없이 떠나가는 한 서린 영결식에 나도 따라
갈란다
별빛 강물 흐르는 은하강까지 부모님 모시고 함께
갈란다
미안하오 미안하오 마을 사람들아 미안하오
내가 잔잔한 고향에 돌아와 모진 풍파 일으켜서
미안하오
나라를 위한 답시고 동네방네 줄초상 나게 해서
미안하오
세상천지에 이런 법은 없다
돌아가라 돌아가라 네 나라로 돌아가라
우리 땅 살려내라 우리 하늘 물어내라

(사설-해설자)
모였던 사람들이 흩어졌다
총칼로 밀어붙이는 헌병대에 밀려 아우내 개천가로
밀려났다
죽어서 널부러진 조금 전 까지도 살아있던 사람들
그들이 흘린 피는 땅속으로 스미지 못하고 찢겨진
태극기를 따라

하늘로 하늘로 불려 올라갔다
아우내장터에 천안고을에 팔도강산 무궁화 영토에
비가 오면 빗줄기 타고 다시 내려오려고 바람타고
하늘로 올라갔다
유중권선생 이소제여사 김구응선생 최정철여사 김
상헌선생 박병호선생 박상규선생 박영학선생 박유
복여사 박준규선생 방치성선생 서병순선생 신을우
선생 유중오선생 윤태영선생 윤희천선생 이성하선
생 전치관선생님 한상필선생 돌아가신 열아홉 분
붉은 피와 부상당한 서른 분의 뜨거운 피도 함께 올
라갔다
아 유관순은 개처럼 밧줄에 묶여 헌병대로 끌려갔다
부모를 잃고 일가친척 이웃사촌들을 잃고도 목
졸린 채
진달래 꽃봉오리 붉어지는 매봉산을 떠나갔다
흥건히 핏물고인 아우내장터를 맨발로 떠나갔다
언제 돌아올 기약도 없는 길 고향을 떠나가는 길
머리채 잡힌 채 질질 끌려가던 길에 아직 뜸부기는
울지 않았다

(소리-산자의 노래)
어화 넘자 에헤야 죽음을 넘자
어화 넘자 에헤야 삶을 넘자
사랑하는 벗님네여 이내 말씀 들어보소
우리가 부모가 아니면 세상에 태어날 수 없듯이
우리가 나라가 없으면 어디서 살아가리요
죽었다고 설워마소 살았다고 즐거마소
내 나라 없이 남의 나라 머슴으로 살라치면
그게 어디 사는 거요 그게 사람 사는 거냔 말이오
다 죽을 수도 없어 다 죽어서도 안 되기에 살긴 사는디
오늘 일일랑 부디 잊지 맙시다 자자손손 잊지 맙시다
우린 오늘 살았으니 죽은 동지들 몫까지 충성을
다 합시다
우리 오늘 함께 죽은 것처럼 유관순 정신을 가슴에
새기고
나라 위해 죽은 목숨들 역사 속에서 살려 봅시다
어화 넘자 에헤이 아우내장터 죽음을 넘자
어화 넘자 에헤이 영원한 조국의 삶을 넘자

셋째마당-감옥마당

사설(해설자)
감옥 문이 열렸다
일제의 침탈이 시작된 뒤 대한민국은 거대한
감옥이 되어
산새들도 마음 놓고 날지 못하고 산토끼도
뛰어다닐 산자락이 없었다
사람들의 자유로운 영혼은 억압되었고 애국자들은
죽어갔고 친일파만 살판나는 감옥세상이 되어버렸다
그것은 비로 이 땅의 지옥 이었다 끝없이 추락하는
지옥 이었다
오천년 역사는 이렇게 무너져 내렸다
국보급 보물들은 도둑맞고 인재들은 동굴 속으로
숨고 변절하고 민족혼을 말살하기 위한 왜인들이
날뛰는 세상이 되어버렸다
유관순이 감옥에 갇힌 것도 이런 까닭이었고 벗어
날 수 없는 이유였다
모든 것이 꿈이로구나 지나간 일들이 꿈만 같구나
어이 어이 어허이, 어이 할꼬 장차 이 나라를 어이
할거나
유관순은 감옥에서도 나라 걱정으로 잠들 수 없었다
4월 1일 잡혀간 유관순은 5월 9일 공주지방법원에

서 5년 형을 언도 받고 항소하여 6월 30일 경성복심
법원에서 징역 3년을 선고 받고 상고를 포기 서대
문형무소 독방에서 길고도 험한 징역살이가 시작
되었다
법관이 잘못만 인정하면 풀어준다고 했지만 유관
순은 내나라 독립을 위해 만세 부른 것이 무슨 죄가
되느냐
너희들은 나를 재판할 권리가 없다
시간만 나면 법정에서도 만세를 불렀다
소요죄와 보안법 위반죄라는 이상한 죄명들은
나라 없는 설움 이었다

(소리-일본법관의 노래)
고개를 숙여라 눈을 내려 떠라
조선의 어린 소녀야 겁도 없는 고집쟁이 소녀야
한마디만 하면 된다 잘 못 했다는 한마디면 너를
풀어 줄 것이다
너의 부모도 죽었고 고향 집도 불타 버렸는데
너까지 죽이고 싶진 않구나
앞으로는 절대로 독립만세 같은 위험한 말은
외치지 않겠다고 말해다오
조선나라는 이미 대일본의 식민지가 되었으니
만세 몇 번 부른다고

나라를 찾을 수 있는 것이 아니란다
조선은 임금도 없고 대신들은 일본에게 나라를
내주었고 장군들은 죽거나 도망쳤는데 무슨 힘으로
나라를 찾겠다는 것이냐
예술가도 문인들도 종교지도자들도 몇 사람만 제
외하고는 앞 다투어 충성을 다짐하거늘 무슨 정신
으로 독립을 기다리느냐
모래가 싹이 나고 소금이 쉬어도 그런 일은 없을
것이다
유관순아 유관순아 한 마디 고개만 꺼떡이면 너는
자유의 몸이다

(사설-해설자)
그 정도로 굽힐 유관순이 아니었다
유관순의 역설을 들어보자
일본 법정이 깜짝 놀란 연설을 들어보자
제 나라를 되찾으려 정당한 일을 했는데 어째서
군기를 이용하여 내 민족을 죽이느냐
제 나라 독립을 위해서 만세를 부른 것이 죄가 되느냐
아무런 무기도 없이 평화적으로 만세를 부르며
행진하는 사람들에게 무차별 총질을 해대어 아버
지 어머니를 비롯한 무고한 수많은 목숨들을 저리
도 무참하게 빼앗을 수가 있느냐

죄가 있다면 불법적으로 남의 나라를 빼앗은 일본에게 있는 것이 아니냐
입이 있어도 말을 할 수 없으며 귀가 있어도 들을 수 없으며 눈이 있어도 볼 수 없는 이 지옥 같은 식민지 지배가 죄가 아니냐
자유는 하늘이 내려 준 것이지 누구도 이것을 빼앗을 수는 없다
무슨 권리로 신성한 인간의 권리를 빼앗으려 하느냐
나는 죄인이 아니오
나는 우리나라가 독립하는 순간까지 죽는 한이 있더라도 만세를 부를 것이오
나는 대한의 백성으로 마땅히 해야할 일을 했을 뿐인데 당신들이 나를 죄인으로 몰고 있을 뿐이오
나는 도둑을 몰아내려 했을 뿐이오
당신들이 남의 나라를 빼앗았는데 도둑이 아니고 뭐란 말이오
아연실색한 일본법관 유관순을 무거운 징역형으로 때린다
유관순 네가 무섭구나 형이나 받아라

(소리-유관순의 노래)
여보시오 일본네들
법관도 좋고 검사도 좋지만 사람이 우선 아니오
나는 대한 사람이오
당신네들이 빼앗은 나라 사람이란 말이오
내 나라 땅에서 내 나라 사람들이 모여서 뜨거운
가슴 하나로
만세 몇 번 불렀다고 총칼로 사람을 죽인단 말이오
재판을 받고 징역을 살 사람들은 사람을 죽인
저들이란 말이오
살인자는 놔두고 양민을 재판하는 당신들은 무엇이오
날 죽인다고 대한사람 다 죽일 수 있을 것 같소
하늘이 무서운 줄 왜 모르시오
지금은 당신들이 융성하나 역사는 그렇지가 않다오
반드시 패망의 날이 오고 하늘의 심판이 있을 것이오
세상의 법도도 모르는 좀도둑들아
만물의 이치도 모르는 불한당들아
유관순 하나가 죽으면 유관순이 백명이나 나올 텐데
어찌 섬나라가 대한민국을 오래토록 지배할 수
있겠느냐
아서라 아서라 꿈을 깨라 냉수 먹고 정신차려라

(사설-해설자)
고문이 시작 되었다
서대문형무소 여감방8호에는 유관순을 비롯한
애국열사들이 있었고
유관순의 주도로 만세소리가 울려 퍼지자 간수들
은 유관순을 지하 축축한 독방에 가둬 놓고 모진
고문을 자행하기 시작했다
어린 소녀에게 가해지는 이른바 10대 고문은
상상을 초월하는 짐승고문 이었다
우리나라 놀부전쯤으로 생각하면 큰 오산이다
가엾은 소녀에게 저지른 사람을 죽인 살인 고문이다
머리에 콜타르를 바르고 머리가죽 벗겨내기
벤치로 손톱과 발톱 뽑기
위장에 호스를 넣고 뜨거운 물 붓기
면도칼로 코와 귀를 깎아내리기
더러운 오물통에 머리 처박기
달군 쇠로 온몸을 찌르기
다른 독립 열사들 앞에서 옷 벗기기
좁은 상자에 구부려 가두기
상체를 벗겨놓고 채찍질하기
일인들 앞에서 개 줄로 묶어 끌고 다니기
아니었기를 바란다 사람 탈을 쓰고는 할 수 없는
이 고문들이 사실이 아니기를 바란다
누가 견디겠는가 누가 살아날 수 있겠는가

(소리- 간수들의 노래)
골칫거리 유관순아 너만 보면 골치가 아프다
하루도 빠짐없이 들려오는 지긋지긋한 대한독립만세 소리
입을 막았다가 밥 먹으라고 풀어 놓으면 밥은 안 먹고 만세 만세
너 때문에 잠도 안 온다 너 때문에 소화도 안 된다
이러다가 내가 다른 데로 쫓겨 가거나 영창 갈지도 모르겠다
네가 멈추면 나도 고문을 멈추마
네가 쉬면 나도 쉬마
너로 인해 삼천 죄수들이 다 만세를 부르니 내가 먼저 죽겠다
열여덟 살 여고생이면 공부나 하고 시집이나 갈 일이지
네가 무슨 독립투사냐 네가 무슨 독립군 대장이냐 너만 보면 화가 난다
너로 인해 대한사람들이 너처럼 그럴까봐 겁이 난다
코뼈도 주저앉고 귀도 찢어지고 눈도 멍들고 팔도 비틀린 채
온 몸이 퉁퉁 부었는데도 끝까지 항복할 줄 모르니
네가 무섭다 네 나라 사람들이 무섭기만 하다

(소리-유관순의 노래)
달아 달아 시린 달아
창살 밖에 걸린 달아
저 달빛 주워 모으면 그 속에 울 엄마 있을까
저 달빛 밟고 걸으면 울 아버지 목소리 들려올까
저 놈들 손아귀에서 살아나가기는 애당초 글렀구나
나라를 위해 내가 할 일은 여기까지인 모양이구나
내 목숨이 두 개라면 한 목숨은 여기서 죽고
한 목숨은 독립을 위해 두고두고 써먹을 수 있을 텐데
나라에 바칠 목숨 하나인 것이 이 소녀의 유일한
슬픔이고나
너무 많이 얻어맞고 너무 많이 조롱당해 굴비처럼
야위었고
시커먼 콩밥 한술 억지로 삼켜도 배가 아파 도로
넘어오는데
새벽마다 창살 틈으로 찾아오는 별빛이 별나라
가자하네
저녁마다 찾아오는 황혼 빛이 하늘나라 가자하네
가자가자 부모님 만나러 별나라 가자
가자가자 동네사람 만나러 달나라 가자

(사설-해설자)

잡혀서 감옥에 끌려간 유관순은 일 년 육 개월 동안 매만 맞다가 영친왕 결혼 특사로 형이 절반으로 감형 되어 석방을 며칠 앞 둔 1920년 9월 28일 아침 8시 20분 서대문형무소에서 하늘나라로 떠났다
얼마나 몽둥이로 맞고 얼마나 구둣발에 차였으면 어린 소녀의 공식 사인이 방광파열 자궁파열 이었을까
여러 어려움 끝에 이화학당 월터 교장 서리에게 석유상자에 담겨 되돌려 받은 시신은 너무 형편 없었다 정동교회에서 김종우목사의 주례로 장례가 치러지고 이태원 공동묘지에 묻었으나 무덤은 일제의 농간으로 흔적도 없이 사라지고 매봉산 중턱에 시신 없는 쓸쓸한 초혼묘가 아우내장터를 찾는 이들을 내려다보고 있다

넷째마당 – 백년마당

(사설-해설자)
백년이 지났다
백년이라는 세월 그 1세기 동안 변해도 너무 많이 변했다
유관순이 떠난 25년 뒤 조국은 그렇게 열망하던 광복을 맞았지만
한차례 홍역 같은 동족상잔의 전쟁을 거치면서 남과 북으로 두 동강이 나고 말았다
남한에는 자유 대한민국이 북한에는 공산정권이 들어서서 평화와 전쟁이 공존하는 분단국이 되어서 70년의 세월이 흐르고 있다
대한민국은 유관순의 바램처럼 풍요와 열정이 넘쳐나는 나라가 되었고
일본도 패전국에서 한국전쟁의 틈을 타서 경제대국으로 성장했다
여기서 끝난 것은 아니다 개 버릇은 남 주지 못하는가 보다
일본은 독도를 자기네 땅이라고 우기면서 자위대를 최강의 군대를 만들어서 자꾸만 우리 쪽을 흘겨보고 있다
우리도 이젠 만만치 않다 한번 당하지 두 번이야 당할 수 있겠는가
그런데 문제는 우리 내부에 있다

친일파와 좌익들이 유관순을 역사에서 지우고 싶어
안달이 났다는 것이다

(소리-지킴이들의 노래)
쉬 물러가라 물러가라 친일파야 물러가라
쉬 물러가라 물러가라 빨갱이야 물러가라
유관순을 없애려고 유관순을 깎아내는 도적들아 물러가라
전국에서 순국한 칠천 명의 영혼들에게 부끄럽지 않은가
감옥에서 맞아 죽은 유관순 영혼에게 미안하지 않은가
먹고 실만 하고 조금 높은 자리 잡으니까 뵈는 것이 없구나
그 힘과 그 능력을 나라 위해 바로 써라
역사는 교훈 한다 유관순을 보아라
유관순이 없다고 하는 너는 이 나라에서 나가야 한다
잔다르크 보다 더 진실하고 서러웠던 독립의 천사
우리의 정신 3.1정신에서 오롯한 민족의 횃불
유관순이 죽어서 뿌려진 독립의 씨앗이 오늘
우리가 아니냐
죽음으로 나라를 지킨 수많은 영웅들이 많지만
그 중에도 뚜렷한 독립삼남매 안중근 유관순 윤봉길
절대로 잊으면 안 된다 한 순간도 잊어서는 아니 된다

(사설-해설자)
모든 것이 달라졌다
뽕나무 밭이 푸른 바다가 되고 땅과 하늘이 뒤집어졌다
자동차가 강물을 이루고 스마트 폰이 삶의 근본을 바꾸어 놓았다
거리마다 도시마다 먹을 것 입을 것 넘쳐나고
반만년 동안 그저 그렇게 살아온 우리네 삶이 백 년 동안 전혀 딴 세상으로 변해버렸다
그렇지만 변해서는 안 되는 것들이 있다
우리에겐 조국이 있어야 하고
우리는 언제나 그 곳에서 살아야 한다는 것이다
조국을 잃어버리면 수많은 발전과 번영이 무슨 소용이 있으리요
유관순이 단 하루만이라도 살아 보고 싶어 할 지금 우리나라
하늘의 별자리에서 우리를 바라보는 유관순을 불러 함께 놀아 보자
태극기 안동네에서 지켜보는 소녀 영웅 모시고 여행 한번 가보자

(소리-유관순 영혼의 노래)
가고 싶다 가고 싶다 저 땅에 가고 싶다
자동차를 운전하여 팔도 구경 가고 싶다
스마트 폰 귀에 걸고 친구들과 전화하며
맛있는 식당마다 들려 먹고 싶은 음식 배불리 먹고 싶다
종합병원에 가서 터진 내장 찢어진 살도 새로 꿰매고
우리 부모님 모시고 고속버스 고속열차 실컷 타고 싶다
인천공항에 가서 비행기로 미국도 유럽도 돌아오고
쾌속선을 타고 울릉도 독도 섬들마다 다녀보고 싶다
대학교 강의실마다 찾아가 멋진 학문도 들어보고
시 쓰고 그림 그리고 노래도 부르고 싶다
무슨 공연 무슨 음악회 앞자리도 앉아보고
무슨 축제 무슨 행사 찾아가 실컷 떠들어보고 싶다
임진삼형제 권율 이순신 김시민 탄신제에 향 올려드리고
우리 독립삼남매 중근 오라버니 봉길 아우님 추모식에 가서
큰 절 올려드리고 눈물 한 자락 뿌려드리고 싶다
가고 싶다 가고 싶다 내 나라에 돌아가고 싶다

(사설-해설자)
이제 결론은 명확해 졌다
이 땅엔 천년만년 유관순이 살아 있어야 한다
백 년 전에 죽은 사람 어찌 살리냐고 묻지 말아라
민족의 영원한 누님에 대한 사랑 변치 않으면 되는 것이다
이 땅에 새로 태어나는 어린 아기부터 청소년은 물론 젊은이 장년 노인들 까지 가슴에 유관순이 있어야한다
정치가 기업인 종교인 예술인 군인 할 것 없이 모든 분야마다
모든 조직과 단체와 모임마다 유관순이 새겨져 있어야 한다
남북이 하나로 통일되고 동서가 하나로 뭉치기 위해서는 유관순이 그 가운데 자리해야 한다
왜 꼭 유관순 이어야 하는가
우리 민족의 표상이요 기상이기 때문이다
어른이 아닌 18세 어린 학생이었다
남자가 아닌 연약한 소녀였다
만세운동을 주도할 만큼 위대한 애국심이 있었다
부모가 죽어가는 현장에서도 두려워하지 않았다
일제의 회유에도 끝까지 넘어가지 않았다
감옥에서도 만세를 부른 용기가 있었다
모진 고문 속에서도 견딘 끈기를 갖았다

죽는 날까지 나라만 걱정한 조국함의 함장 이었다
무저항 비폭력 평화적인 세계적 영웅 이었다
우리 역사 인물 중에서 태극기를 가장 많이 닮은 사람
우리 순국선열 중에서 애국가를 가장 많이 닮은 사람
아! 그가 바로 우리 겨레의 심장 유관순

(소리-섬김이들의 노래)
노래를 위해 유관순을 부르지 말고
유관순을 위해 노래를 불러주오
영화를 위해서 유관순을 만들지 말고
유관순을 위해 영화를 만들어 주오
땅 속 깊이 스미기 위해서는
유관순 품에 뜨겁게 파고들어야 하고
하늘 높이 솟기 위해서는
유관순 하늘 손 아프게 잡아야 한다오
이 땅에 태어나는 사람들은
유관순의 심장을 갖고 태어나고
이 땅에서 죽어가는 사람들은
유관순의 숨결처럼 죽어가야 한다오
유관순이 살아있는 조국은 살고
유관순이 죽어있는 조국은 죽어
그대가 먼저 유관순이 되고
그대가 먼저 조국이 되길 바라오

(소리- 시인의 마지막 노래)
하늘가는 하늘나비야
하늘 나비가 되고 싶다던 사람나비야
나라만 걱정했던 천사나비야
독립에 목이 말랐던 소녀나비야
살아서 왜놈들 벌레가 되느니
죽어서 별빛 강물 흐르는 은하수까지
하늘엔 창살이 없겠지
창공엔 지독한 구둣발이 없겠지
날개가 찢어지고 피 흘리는 아픔 없이
꽃을 만나면 꽃길에 놀고
나무를 만나면 숲길에 노닐며
욕심에 눈 먼 우리 용서하는 마음으로
아우내 장터 한 바퀴 돌아서 가렴
매봉산 중턱 한 걸음 쉬었다 가렴
사랑아 그대 홀로 떠나는 하늘나비야

(끝)

붙임 : 이 글은 유관순 열사의 뜨거운 나라사랑을 알리기 위한 소리극 또는 시극의 대본입니다.

유관순시집 출간 후 또 하나 저의 고뇌와 열정의 산물인 창작 작품으로 역사적 사실에 접근하기 위해 다양한 고증을 거쳤습니다.

저작권은 저에게 있으나 자유롭게 활용하셔도 됩니다. 전편을 공연하지 않고 부분적으로 공연하셔도 좋습니다.

다만 누가 언제 어디서 어떻게 사용하는지 미리 저에게 알려 주시고 대본을 사용하실 때 저자 이름을 밝혀 주시면 좋겠습니다. 꼭 지켜주실 것은 글 내용을 절대로 수정하거나 변경 할 수 없습니다.

그러나 공연 시간, 공간 사정으로 내용 확장, 축소, 변경 등 수정이 불가피할 경우 저에게 연락 주시면 겸허히 협의 하겠습니다.

겨레시인 성재경 : 010 4922 5322
이메일 s5322jk@daum.net

겨레시인 성재경 애국시집 독립삼남매
유관순

증보초판 1쇄발행 2018년 1월 15일

지은이 성재경
펴낸이 정수연
펴낸곳 도서출판 여름
등록 제1998년 9월 2일(제2-2626호)
주소 서울 중구 을지로 20길 32-16
전화 02-2278-6990
E-mail design6990@naver.com

ISBN 978-89-92612-38-8 03800

값 12,000원

저자와의 합의하에 인지는 생략합니다.
잘못된 책은 구입하신 서점에서 교환하여 드립니다.